editorial Sol90

图说人类文明史
凯尔特人和维京人

西班牙 Sol90 出版公司 编著

同文世纪 组译 张钊 译

中国农业出版社
农村读物出版社
北 京

图书在版编目（CIP）数据

　　图说人类文明史. 凯尔特人和维京人 / 西班牙Sol90
出版公司编著；同文世纪组译；张钏译. —— 北京：中
国农业出版社，2024.9
　　ISBN 978-7-109-29161-4

　　Ⅰ. ①图… Ⅱ. ①西… ②同… ③张… Ⅲ. ①克尔特
人－民族文化－文化史－通俗读物 ②文化史－北欧－中世
纪－通俗读物 Ⅳ. ①K103-49

中国版本图书馆CIP数据核字(2022)第031265号

GRANDES CIVILIZACIONES DE LA HISTORIA
Vikingos y celtas

First edition © 2008, Editorial Sol90, Barcelona
This edition © 2020, Editorial Sol90, Barcelona, granted in exclusively to China Agricultrue Press for its edition in China.
www.sol90.com

Author: Editorial Sol90

Based on an idea of Daniel Gimeno
Editorial Management Daniel Gimeno
Art Direction Fabián Cassán
Editors 2019 Edition Joan Soriano, Alberto Hernández
Writers Juan Contreras, Gabriel Rot
Research and Images Production Virginia Iris Fernández
Proofreading Edgardo D'Elio
Producer Marta Kordon
Layout Luis Allocati, Mario Sapienza
Images Treatment Cósima Aballe
Photography Corbis, Science Photo Library, Getty, Sol90images
Illustrations Dante Ginevra, Trebol Animation, Urbanoica Studio, IMK3D, 3DN, Plasma Studio, all commisioned specially for this work by Editorial Sol90.
www.sol90images.com

图说人类文明史

凯尔特人和维京人

First edition © 2008, Editorial Sol90, Barcelona
This edition © 2020, Editorial Sol90, Barcelona, granted in exclusively to China Agricultrue Press for its edition in China.
All Rights Reserved.

本书简体中文版由西班牙Sol90出版公司授权中国农业出版社有限公司于2023年翻译出版发行。
本书内容的任何部分，事先未经版权持有人和出版者书面许可，不得以任何方式复制或刊载。
著作权合同登记号：图字01-2020-4593号

中国农业出版社出版
地址：北京市朝阳区麦子店街18号楼
邮编：100125
项目策划：张志　刘彦博　　责任编辑：孙利平　张志　　责任校对：吴丽婷　　责任印制：王宏
翻译：同文世纪 组译　张钏 译　　审定：陈春宇　　丛书复审定：刘林海　　封面设计制作：张磊　　内文设计制作：田晓宁
印刷：鸿博昊天科技有限公司
版次：2024年9月第1版
印次：2024年9月北京第1次印刷
发行：新华书店北京发行所
开本：889mm×1194mm　1/16
印张：6
字数：200千字
定价：98.00元

图说人类文明史

凯尔特人和维京人

目　录

前言：旅行家和征服者

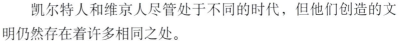

凯尔特人是锻造金属的能工巧匠，他们用青铜、黄金和白银精心制作了珠宝首饰，其中以项链尤为突出。下图是一种能彰显贵族尊贵地位的项圈。

凯尔特人和维京人尽管处于不同的时代，但他们创造的文明仍然存在着许多相同之处。

两者在不同时期相似的地理范围内恰逢其时地建立了自己的文明。为此，他们不得不结合两种先驱文明的独特手段——探索和征服来实现扩张。

凯尔特人是陆地和海上的伟大旅行家，维京人则是航海专家。他们的疆域都是从东到西横跨整个欧洲大陆，从不列颠群岛到黑海。

按照时间顺序，凯尔特文明是第一个在旧大陆定居的文明。前5世纪，多个拥有相同语言、相似经济条件和文化水平的部落合并，逐渐形成了独特的文化。

凯尔特人是宗教领域的异教徒，是非凡的金银匠和首饰匠、旅行家、农民和战士。他们适应各种地理环境，最终统治了中欧，并将影响力延伸到威尔士和爱尔兰。在那里，他们的统治比在本土持续的时间更长。不过，凯尔特人运气不佳，最终与强盛的罗马帝国相遇，疆域被极大地缩减。4个世纪以后，高卢人（凯尔特人的罗马名称）最终被"母狼乳婴之国"——罗马征服。

凯尔特人的罗马化，以及公元1世纪在不列颠群岛战事的失利，都未能阻止他们留下令人惊叹的文化遗产。凯尔特文化中不乏魔法师和巫师、可怕的战士、伟大的英雄等形象，还有巨人、仙女和侏儒之类的精彩角色。

几个世纪后，在寒冷而遥远的北欧地区，另一个文明——维京文明在峡湾环绕的特殊地貌庇护下发展起来了。

维京人是执着的旅行家，他们的船只甚至抵达北美大陆。1000年左右，他们在纽芬兰岛建立了第一块殖民地。而在此之前的两个世纪，维京战船已在基督教化的欧洲正式亮相，维京战士们摧毁了一座不列颠修道院。此后，维京人攻城略地，纵横欧洲大部分沿海地区，又通过河流深入欧洲内陆，令人闻风丧胆。惊险刺激的维京故事讲述了各色风云人物，他们既存在于神话信仰之中，也生活在伟大的英雄世界里。神祇奥丁（Odín）、托尔（Thor）和弗雷（Frey），以及维京历史上最伟大的远征英雄红发埃里克（Erik）、埃里克森（Eriksson）、留里克（Riurik）和阿纳尔森（Arnarson）都在维京传奇故事中留下了自己的名字。

在冒险与传奇之间，在征服领土与建立大城市之间，在陆地战事与海外探索之间，凯尔特人与维京人一道邀请后人，沿着他们留下的足迹，去探索欧洲文明的发展脉络。

维京人是航海专家。他们精通航海技术，建造了巨大的"龙头船"，船头雕刻有精美的头像。下图是"奥赛贝格号"船头的龙头形象。

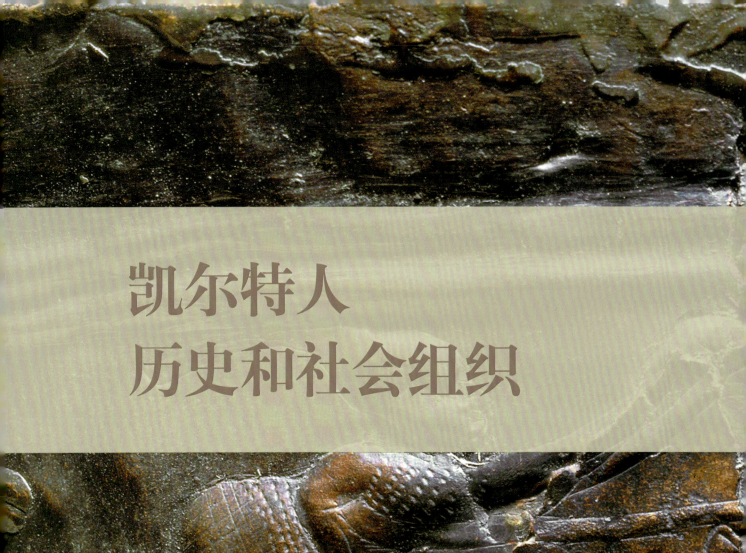

凯尔特人
历史和社会组织

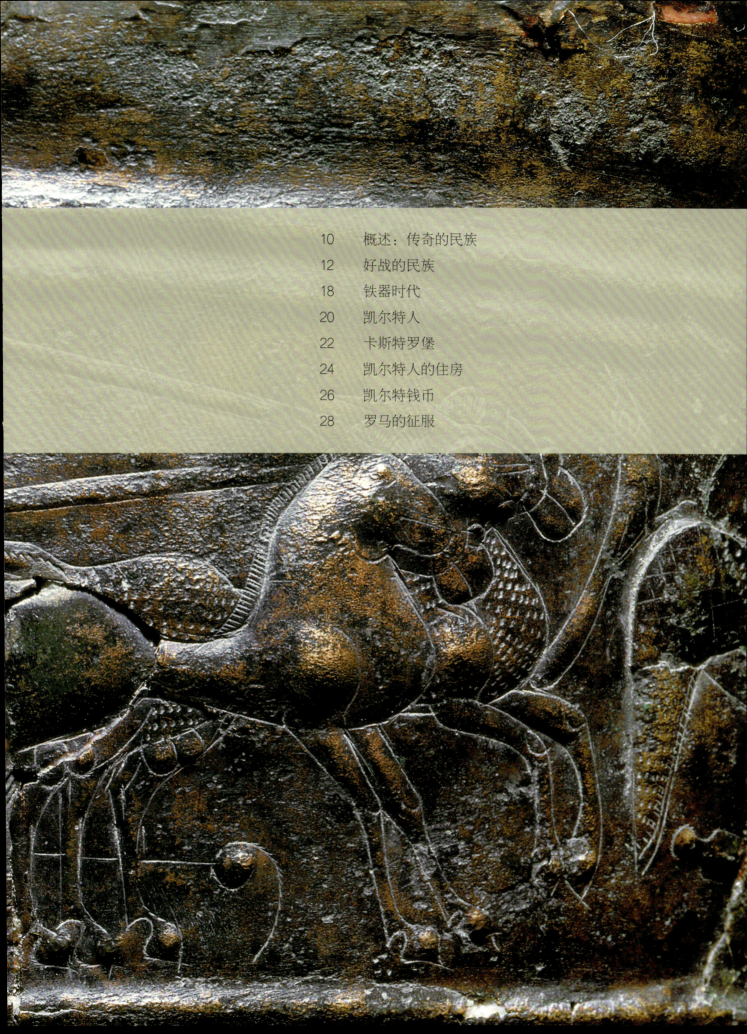

概述：传奇的民族

凯尔特人是一个由共同语言和传统文化组成的族群，其独特之处在于它形成了一种与众不同的文化。前5世纪至前1世纪，高卢被罗马人征服。43年，不列颠也被罗马人攻克。凯尔特人既是宗教领域的异教徒，又是艺术世界出色的金银匠和首饰匠，给欧洲大陆留下了深刻的印记。他们的吟游诗人留下了很多扣人心弦的传奇诗篇。在各种神话故事中，魔术师、仙女和英雄比比皆是。◆

青铜锅和青铜罐是凯尔特人日常生活的常用器皿。它们总是被装饰得很华丽。

崇拜

凯尔特人十分崇拜在其领土上发现的花岗岩巨石。他们认为，这些巨石由强大的部落搬运而来。凯尔特人在这些巨石上刻上自己的铭文。

武器

凯尔特人不断扩张版图，其足迹几乎遍及整个欧洲，从伊比利亚半岛一直深入到黑海的中心地带。战争是扩张的动力之一，凯尔特人征服了许多民族并建立了政治上独立的殖民地。

宗教

凯尔特人在有城墙护卫的寨堡内进行社会活动。寨堡通常会建在拥有森林、山脉和河流等天然屏障的地带。他们一般不规划城池，寨堡的最大特点是将房屋建成圆形或椭圆形。只有当其文化与罗马文化接触、碰撞时，他们才学会采用街角拐弯和笔直的街道设计城市。

哈尔施塔特

黑海

加拉太

青铜盾牌勋章，前2世纪至前1世纪

凯尔特艺术

凯尔特金银匠留下了各式各样精美的艺术品，佩戴这些艺术品彰显了主人雄厚的财力和尊贵的身份。胸针、项链、耳环和戒指都充分说明了这一点。他们在装饰武器时也格外用心，特别是在剑柄和盾牌把手上纹饰丰富。但无论何种器物，青铜都是唯一的原材料。

好战的民族

历史上，凯尔特人的社会很难被视为一个霸权国家。事实上，通常所说的凯尔特人是指从前500年到1世纪，由一群定居在欧洲广阔地带的不同部落和各种族裔组成的联合群体。

总的来说，凯尔特人的祖先和影响可以追溯到更加久远的时代，最早的踪迹可以追溯到青铜时代晚期。

但是，这个由不同部落和族裔组成的多元化族群拥有共同的传统文化、信仰和语言等诸多要素，从而统称为凯尔特人。

起源

凯尔特人的起源和发展与欧洲铁器时代有关，更确切地说，与所谓的"瓮棺文化"有关，后者兴盛于青铜器时代晚期。瓮棺文化得名于独特的葬礼习俗，即将死者遗体火化并将骨灰盛在陶瓮内埋入地下。

前1300年至前800年，瓮棺文化逐渐扩展到整个东欧和中欧，成为凯尔特

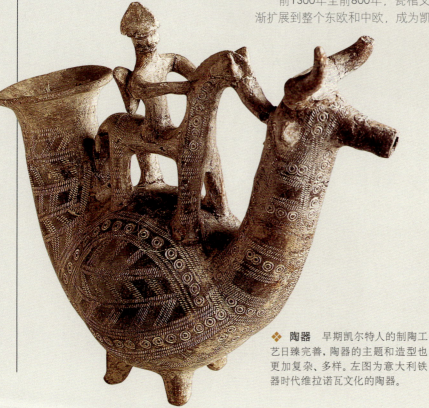

❖ **陶器** 早期凯尔特人的制陶工艺日臻完善，陶器的主题和造型也更加复杂、多样。左图为意大利铁器时代维拉诺瓦文化的陶器。

人最早的伟大文化。

随后，铁器时代初期，在同一地理位置出现了哈尔施塔特文化，它发展于前8世纪至前5世纪。与前一文化不同的是，至少在哈尔施塔特文化晚期，统治阶级的墓葬已极其奢华，还建有非常复杂的防御性建筑。

这一时期，凯尔特人与伊利里亚人一起发展了哈尔施塔特文化，同时将他们的势力扩展到伊比利亚半岛内陆，并于前7世纪定居在半岛上。在接下来的一个世纪中，他们又朝着伊比利亚人占据的伊比利亚东北地区继续扩张。

所有这些凯尔特人的大规模移民都被古希腊人和罗马人所熟知，他们也认可这个由不同部落和各种族裔组成的复杂而庞大的联合体。实际上，希罗多德（Heródoto）称其为"凯尔托伊"（keltoi），罗马人开始将其定义为"加拉太人"（galatae）或"高卢人"（galli）。

拉登文化

人们公认，铁器时代末期，即前5世纪发展起来的拉登文化时期，凯尔特人开始无休止地迁徙、扩张，从伊比利亚半岛一直到黑海沿岸，都有他们的足迹。

这一扩张始于前5世纪末，当时，由于其他北方民族的人口日益增长，凯尔特人开始了长期的大规模迁徙，有的部落甚至到达了古希腊罗马的腹地。前400年左右，凯尔特人的入侵达

❖ **战车** 哈尔施塔特文化时期库法恩（奥地利）古墓出土的镀青铜罐细节。

◆ **休憩的狮子**　在德国霍赫多夫出土的希腊青铜锅上的装饰。凯尔特贵族从其他地区带来了工艺精湛的艺术品，之后开始仿制。

到顶峰，最终占领了意大利北部的波谷地区。他们很快就开始向南侵犯，前387年，凯尔特人围攻罗马城，然后将其洗劫一空。从此，凯尔特人与罗马人开始了军事冲突，并延续到随后的几个世纪。

拉登文化得名于19世纪中叶在瑞士纳沙泰尔湖附近发掘的凯尔特人遗址。那里出土了长矛、剑、胸甲、头盔和珠宝等数百件物品，这些物品与大量动物和人一起被埋葬。研究最终将这一发现与宗教仪式联系在一起，在此宗教仪式上，古凯尔特人宰杀动物和活人进行祭祀，将珍宝抛入河中献给神灵。

凯尔特人继续朝着不同的方向扩张，如，英国。

普遍认为，凯尔特人第一次向英国迁徙是在前5世纪，并在两个世纪后不断重复这一过程。事实上，早在前3世纪，一些考古记录就已表明凯尔特人在爱尔兰的存在。最后，前1世纪初，凯尔特人又进行了一次大规模的迁徙，这也被认为是最有影响力的一次迁徙。

前4世纪，凯尔特人又向欧洲东南部进发，到达了波罗的海地区和土耳其西部。实际上，远在马其顿的亚历山大大帝（Alejandro Magno）对他们也有所耳闻。据悉，在前279年，他们再次效仿罗马之战，意欲洗劫希腊的德尔菲，不过似乎是一次意外的降雪阻止了这次行动。

同一时期，凯尔特人还到达了小亚细亚，并在那里定居。该地区仍然保留着"加拉太"的名字。

伟大的防御性寨堡

◆◆◆

凯尔特人修建了坚固的防御性寨堡，作为地区防御的观察据点。在这些被称为"奥必达"（oppida）的设防寨堡周围通常有着双重保护：一重保护是由大自然形成的天然屏障，例如，环绕的河流或山脉的一侧；另一重保护则是在寨堡周围建造土墙和护城河，以抵御各种攻击。在寨堡内部，凯尔特人将几栋建筑划区分组，分别用于从事某些特定活动，如住宅、作坊、谷物仓库等。这些防御工事在伊比利亚半岛被称为"卡斯特罗堡"，在加利西亚地区随处可见。

凯尔特人的衰落

凯尔特部落和民族有着很多共同特征，但是这些不足以让他们团结、统一。客观上，凯尔特人忽视中央集权，没有像希腊人和罗马人那样建立一个稳定的帝国，而是以部族形式存在。

因此，没有统一政权的凯尔特人最终被罗马人征服，也就不足为奇了。前2世纪至1世纪，罗马人占领了山北高卢，以及不列颠大部分地区。最终，凯尔特人被罗马文化同化，他们的传统乃至语言也逐渐消亡。

随着时间的推移，凯尔特人也丧失

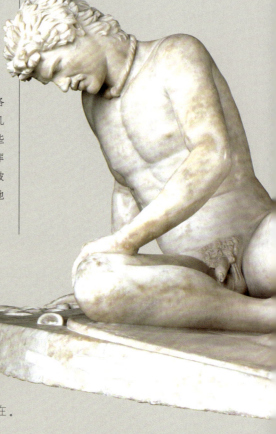

了对西班牙的统治。在罗马帝国末期，他们只在法国西北部、爱尔兰和威尔士保留了领土。

不过，在不列颠岛的情况却与此相反，凯尔特人奋起抵抗，再加上罗马军队只是在岛上短暂停留，才使他们的语言和文化在其统治下得以保存。7世纪，凯尔特人再次尝试扩张，爱尔兰的苏格兰人入侵加勒多尼亚，该地区由此更名为苏格兰。

社会结构

凯尔特人并不热衷于记载自己的历史，这一事实让复原其社会结构的工作变得极为复杂。无论如何，人们通过考古发现和同时期其他文化对凯尔特人的描述，对其社会结构进行了一定程度的

❖ **战士** 被罗马人俘虏的高卢牺牲战士的代表雕塑，凯尔特人以被俘前自尽为荣。

凯尔特伊比利亚人

❖❖❖

一般认为，凯尔特伊比利亚人是在罗马帝国之前居住在伊比利亚半岛的部族。

一些研究将其起源确定为凯尔特人和伊比利亚人融合的结果，尽管也有观点认为，他们是由铁器时代伊比利亚半岛的凯尔特人演变而来的。

公认的说法是，凯尔特伊比利亚人分布广泛，包括索里亚和瓜达拉哈拉地区，以及拉里奥哈、布尔戈斯、萨拉戈萨、特鲁埃尔和昆卡的部分地区。

从政治上讲，凯尔特人并没有构成一个单一的中央集权国家，而是将众多部落（阿雷瓦西人、贝利人和卢索尼斯人等）结为一个大族群。

尽管政治上并不统一，但其使用的语言都是凯尔特伊比利亚语，至今仍保留着许多文学作品。

已知最古老的凯尔特伊比利亚文本大约可以追溯到前2世纪至1世纪，文本当时使用的是伊比利亚语。之后，伊比利亚语又融合了拉丁字母。

凯尔特伊比利亚人的基本社会单位是家族，亲属关系是各类社会关系的基础。

推测和分析。毫无疑问，凯尔特人实质上就是一个由国王、贵族和战士构成的统治阶级领导的军事社会。

凯尔特人是好战的民族，众所周知，极小的刺激也能引起他们激烈的反应。妇女享有丈夫的荣誉，甚至罗马史学家马塞林（Ammianus Marcellinus）也如此评价凯尔特妇女："如果一个高卢人叫他的妻子过来帮忙，那么，即使面对一整支外族部落，他们也毫无畏惧。"

❖ **钱币** 凯尔特人仿造了古希腊罗马人的钱币。下图是巴里西部落的一枚钱币。

❖ **面具** 英国青铜面具，1世纪。布里甘特人作品，该部落最终被罗马人征服。

这种战斗力也有德鲁伊群体的贡献，他们负责主持人祭，从而打击敌人的斗志。

凯尔特人在军事上的威名似乎广为人知，他们的对手总是非常害怕与其骑兵交锋，以及近战格斗。

凯尔特人在欧洲的轻松扩张仿佛就证明了这一点。如果没有高超的作战能力，那么，这种迁徙扩张是很难实现的。

对凯尔特人武器的发现，特别是各种各样的长矛、剑和刀，也使人相信，他们拥有丰富的军事经验和周密的作战计划。

经济

不过，如果说战争让凯尔特人在整个欧洲大陆蔓延开来，那么，农业活动则使他们得以定居。凯尔特人擅长农业和畜牧业。他们能驱使耕牛，牵引大型犁具，翻耕土壤，种植多种谷物。

无论如何，军事征战与生产活动并不矛盾，甚至有时候战事成为生产活动的某种补充。例如，当财富积累丰厚或必须划分领域从事农业时，军队就会加以干预，占领相关地区，并建立永久性的防御工事。

收获的谷物被储存在黏土覆盖的地窖里。每个防御工事管辖和统治着周边地区。

在其经济活动中，商业和贸易也很发达，尤其是随着凯尔特人的扩张，他们与非常广泛的地区和城镇交换物品。凯尔特人最盛行的社会单位是部落。一般来说，每个部落都以等级制度构建其社会。

社会阶层中增加了贵族阶层，他们统治着广大的农民群体。同时，从农民中选拔战士。紧随其后的阶层是手工艺人、劳动工人，最后是奴隶。

凯尔特人的社会等级中还有德鲁伊，他们垄断着知识。德鲁伊们在历史上曾是智者和巫师，但这个版本更像是传奇故事的产物。另一方面，历史上的德鲁伊既是主持宗教仪式的祭司，也是王室的顾问。

此外，德鲁伊还在社会中担任特殊职务，他们不仅是凯尔特民族的神职人员，还由于其精通科学和其他广泛领域的知识，进而成为王室的顾问。

罗马统治

当凯尔特人的世界开始与罗马人的世界交汇时，他们的命运被彻底封印。最初，在前3世纪，命运之神眷顾了凯尔特人，他们入侵意大利，围攻并洗劫了罗马，最终大获全胜。罗马人将定居在波谷的凯尔特人称为"高卢人"，高卢人后来参加了迦太基人汉尼拔（Aníbal）领导的战役，再次与罗马人发生了数十起小规模冲突。

前58年至前51年，复仇女神站在了罗马人这边。这一时期，在朱利叶斯·凯撒（Julio César）的领导下，罗马人发动了一系列的军事战争。凯撒率领军团征服了高卢全境和日耳曼尼亚的部分地区，这就是后来所谓的"高卢战争"。根据普鲁塔克（Plutarco）记载，凯撒的征战取得了巨大胜利，但也极其血腥和残酷，共有大约800个城市落入罗马之手，大约300个凯尔特部落被征服，其中就包括赫尔维蒂人、内尔维人和维内蒂人。

在高卢战争中，凯尔特人大约有300万人参加了战斗，伤亡惨重。此外，还有100万人被俘后，在奴隶市场上被贩卖为奴。

❖ **朱利叶斯·凯撒** 高卢战争中，罗马人凯撒率领军团在不列颠群岛取得胜利的版画。

铁器时代

　　凯尔特人的兴起于前8世纪至前5世纪的铁器时代。在这一阶段，哈尔施塔特村墓葬遗址是当时社会文化的中心，考古挖掘发现，其发展与盐的生产密不可分。哈尔施塔特文化继承了自前13世纪由中欧一些部落发展而来的瓮棺文化。两种文化的艺术风格大相径庭，雷鸣太阳战车是前者的代表作，后者则体现在精美的瓮棺上。◆

雷鸣太阳马车及太阳圆盘

哈尔施塔特文化

　　哈尔施塔特文化传承于瓮棺文化，因奥地利的哈尔施塔特墓葬群得名。在那里，人们发现了数百座墓葬和大量陪葬品。此地盛产食盐，因而与邻近部落间的商业往来日益增多。经济发展也促进了王室统治阶级的出现。哈尔施塔特人最重要的信仰之一就是对太阳的崇拜，雷鸣太阳战车及太阳圆盘恰恰体现了这一点。

北欧其他文化

　　尽管早期的凯尔特人是铁器时代当之无愧的主角，但在欧洲北部，受凯尔特人的影响，其他文化也掌握了冶金技术并有所发展。此外，这些文化在艺术和陶瓷工艺方面也有了显著的进步。

1 **维拉诺瓦文化。**位于意大利北部，得名于博洛尼亚附近的维拉诺瓦·迪·卡斯泰纳索考古遗址。陶俑，前8世纪。

2 **巴尔托－斯拉夫人。**印欧部落的后裔，定居在维斯瓦河与德维纳和第聂伯之间。前1世纪晚期，他们占领了中欧地区。

3 **日耳曼人。**他们最初定居在丹麦、波美拉尼亚和斯堪的纳维亚，前200年左右迁移到德国。如图，丹麦"图伦男子"木乃伊。

4 **乌戈尔－芬兰人。**不同于之前提到的文化，它的起源不是印欧语系，而是来自乌拉尔山地区，前2000年左右，乌戈尔－芬兰人定居在波罗的海和伏尔加河之间。

瓮棺文化

专指某些中欧部落的文化，即将死者火化并将其骨灰盛入陶瓮埋葬的习俗。其中包括凯尔特人、古意大利人和伊利里亚人等。

❖ 瓦棺，源于瓮棺文化，前1300年至前750年。

太阳圆盘 装载在马车上，象征着太阳。圆盘的一面覆盖着金箔，上面还有螺旋状和圆形的纹饰。

太阳马车 长度为60厘米。圆盘、马匹和六轮战车由薄薄的青铜制成。

马 由青铜制成，空心。马匹制作精细，眼睛、额头、下巴脖子和鬃毛都很清晰，还有镀金纹饰。

史学先驱

史学之父希罗多德是最早留下关于凯尔特人书面记录的人。他不仅认为凯尔特人生活在由他命名的"凯尔托伊"土地上，还称那里就是"海格力斯之柱"所在地，即古时的直布罗陀海峡。

❖ 希罗多德雕像，他是首位编年史学家。前484年出生于小亚细亚，60岁在雅典去世。

剑和长矛 是所谓的"盐谷勇士"最喜欢的武器。盐谷位于哈尔施塔特文化盐矿中心地区。

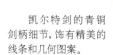

凯尔特剑的青铜剑柄细节，饰有精美的线条和几何图案。

凯尔特人

　　凯尔特文明的大发展完全没有趋于同质化，而是诸多独立部落各自扩张，尽管他们之间通过文化纽带联系在一起。前5世纪至前2世纪，这些部落向四面八方扩张，建立了带防御工事的城池，并在城市里进行主要生产活动，同时又加强了与其他邻近城市的贸易。到前2世纪，凯尔特人停止了扩张的脚步，开始扩建大型永久性定居点，即"奥必达"，它在相当长的一段时间内帮助凯尔特人抵御了全面发展的另一种文明——罗马文明。◆

同大多数攻防武器一样，凯尔特人也用青铜锻造了他们的战士头盔。如同长矛、剑和甲胄，凯尔特人也将头盔抛进圣河，他们相信这样可以献给崇拜的神灵。上图是在泰晤士河发现的前1世纪的头盔。

卡斯特罗堡

　　带防御工事的聚居地，类似"奥必达"，在有天然地势、河流甚至大海拱卫的地方建设各种房舍。卡斯特罗堡通常会建在临近水源和适合畜牧的耕地附近，同时，在应对人口压力和控制贸易往来方面起着重要作用。

◆科纳"卡斯特罗堡"的废墟，位于阿斯图里亚斯西部中心。

扩张

　　前5世纪，三个因素共同推动了凯尔特原始部落的新一轮扩张：人口快速增长，从东面迁徙而来的新部落带来的压力，以及战士贵族的盛行使部落有了征战移民的能力。扩张的结果是凯尔特人占领了中欧和西欧的广大领土，几乎囊括了整个伊比利亚半岛和小亚细亚地区。

◆凯尔特人最大规模的扩张是在前5世纪至前2世纪，此时的罗马刚刚成为一大强国。

凯尔特人原始区域
凯尔特人的扩张（前5世纪）
最大规模的扩张（前2世纪）
凯尔特人的入侵路线
城池和定居点

苏格兰　加勒多尼亚人　乌戈尔-芬兰人　北海　德维纳河
爱尔兰　塔拉　布里甘特人
爱尔兰人　不列颠人（布立吞人）　巴尔托-斯拉夫人
西卢尔人　维斯瓦河
杜姆诺尼人　爱西尼人　日耳曼人
大西洋　比利时人　特雷维里人　瓦尔科人
巴里西人　博伊人　斯基泰人
威尼蒂人　卡尔努特人　塞农人　瓦尔达格斯海姆
阿莱西亚　维克斯　曼钦
杜恩贝格　杜恩贝格　哈尔施塔特　达契亚人
比布拉克特　拉登
加西利亚人　阿维尔尼人　赫尔维蒂人　斯科迪斯克人
埃布罗河　阿洛布罗基人　因苏布雷人　林贡斯人　多瑙河　黑海
凯尔特伊比利亚人　马赛　伊特鲁里亚人　伊利里亚人　色雷斯人　加拉太
伊比利亚人　科西嘉岛　罗马　加拉太人
塔尔特苏斯人　巴利阿里群岛　撒丁岛　德尔菲　帕加马
希腊人　希腊人
西西里　克里特岛　罗德岛
迦太基人　地中海　塞浦路斯
撒哈拉沙漠

形状 卡斯特罗堡因缺乏直角街道而与众不同。一般以圆形或椭圆形的房屋为主，而且常在建筑群周围挖掘和修建一两个壕沟。

外墙 主要功能是保护城内居民免受强风的侵扰，同时，又圈定了城镇范围。

带防御工事的城市

　　前5世纪中叶，凯尔特文明发展的一个主要表现是建造被称为"奥必达"的设防寨堡。农业和畜牧业的生产保障了这些永久定居点的日常供给，采矿、钢铁冶金、手工艺和贸易的增长又促进了城市的进一步发展。

❖ 德国芬斯特洛尔小镇的外墙，墙体通常由石材修建，无灰浆涂抹。

盾牌

　　完全由青铜制成，并饰有弯曲和对称的线条，有些盾牌还镶嵌有红色水晶。战士们常将它们抛进河里，纪念水神。

❖ 从泰晤士河中打捞出来的盾牌，前1世纪。

卡斯特罗堡

　　凯尔特部落的日常生活主要集中在卡斯特罗堡，卡斯特罗堡是构成凯尔特人基本社会和经济单位的房舍聚集群。卡斯特罗堡不仅缺乏城市规划，而且房屋建筑主要呈圆柱形。实际上，直至前1世纪，凯尔特部落才出现方形或矩形建筑，而此时，正是受到罗马文化的影响，才开始留下印记。除了住房，卡斯特罗堡内还有其他重要建筑，比如，筒仓和仓库，用于存放多余的粮食。◆

他们如此用餐……

　　在宴会上，有猪肉、牛肉、野猪肉、蜂蜜、奶酪、黄油，以及用小麦、小米、无花果和栗子或橡子制成的面包，也是必不可少的美食。宾客们互相投掷传递食物，将食物一扫而光。他们坐在餐桌旁，用手抓着食物进餐，并用匕首将难以咀嚼的大块食物切成小块。尽管有些夸张，古希腊作家斯特拉博（Estrabón）仍然记录了凯尔特人对肥胖的反感："凡是腰围超过腰带的年轻人，都不是完美的。"

❖ 野猪肉是凯尔特人菜谱上的独特佳肴。

他们如此饮酒……

　　凯尔特人嗜酒如命，他们酿造蜂蜜酒和科尔马啤酒（加蜂蜜的小麦啤酒），还喜欢喝葡萄酒。由于他们不生产葡萄酒，便用盐、狗、兽皮、奴隶和意大利人交换，从意大利进口葡萄酒。

❖ 青铜酒壶就是盛放葡萄酒的酒具。

凯尔特人卡斯特罗堡的复原图

卡斯特罗堡内部

　　卡斯特罗堡里有许多房屋，通常都属于独立的家庭单位。这些圆形房子取决于卡斯特罗堡的大小，有可能会形成"社区"。它们是绝对独立的建筑，完全没有公用的墙体。屋顶由木梁支撑，用树枝和灰浆覆盖而成。此外，这些房屋都没有窗户。

火炉 位于房屋内部，可以烧火取暖和做饭。木架插入石制底座后面的两个孔洞中，加以固定，用绳索吊起装食物的锅。

地面 剖面图显示了土层的原状，第一层是使地面平整的小石头，最后一层是夯实的黏土。门口的缝隙是一个枢槽，内有一根棍子作为门的旋转轴。

完整的房屋 1965年至1972年，在西班牙西北部的圣塔克拉"卡斯特罗堡"，人们用茅草或其他植物重建了两栋圆锥形屋顶的完整房屋。由于历史记录中凯尔特人的房屋一直没有窗户，所以增建的一扇窗户颇具争议。

仓库 小麦、黑麦、大麦和小米装入陶罐,储存在一米高的封闭筒仓里防止动物侵入。之后再用陶土制成一个小屋顶安放其上,防风挡雨。

框架 将干燥的石头打磨成合适的形状,并堆砌建造成圆形底座,再在屋子正中安装木柱,沿圆锥形轴线装上梁柱,构成屋顶。到了后来,房子外还增加了庭院。

斗篷、拖鞋和饰品

　　凯尔特人身穿深色的羊毛斗篷,斗篷一侧开口,在另一侧肩膀用带扣系上,穿着麻和皮革制作的凉鞋。男人们佩戴金属的项链和别针;女人们则佩戴项链、手镯和铃铛。

❖ 男子佩戴的青铜饰品。

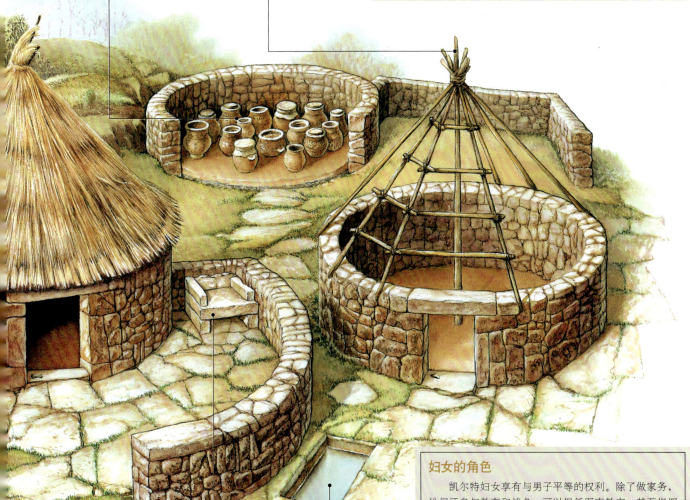

妇女的角色

　　凯尔特妇女享有与男子平等的权利。除了做家务,她们还参与教育和战争,可以担任军事教官,甚至指挥战斗。单身女性不在乎贞操,可以选择多个恋人,也有权拒绝任何求偶。妻子不受丈夫的约束,拥有独立的财产,并在合法分居的情况下得到财产补偿。母亲被认为是保护神。

❖ 凯尔特妇女的英勇广为流传。古罗马历史学家塔西佗(Tácito)形容她们是"披头散发、穿着黑袍的女人,发起怒来像挥舞的火把"。

❖ 塔西佗的头像。

炉灶 位于庭院,在炉灶里加热直至将炭火撤走,然后将面团放入其中并密封。炉灶除了可以烤面包,还可以烧制黏土(砂锅)和熔化金属。

雨水池 在铺好石块的庭院里,用一整块石头挖凿出一个大洞,用来积蓄雨水。这是在卡斯特罗堡内自由放养的猪牛、山羊和绵羊等牲畜的饮水槽。

凯尔特人的住房

凯尔特人以家庭为单位分开居住，每栋住房都是一个大开间，在自然防御保护下建造而成。例如，房屋外围垒起高高的土墙以阻挡强风。这些防御措施必不可少，尤其是面对疾风骤雨的自然气候，建造房屋的材料相对来说很脆弱。◆

储存 不立即食用的食物被小心地存放在有贮藏条件的小茅屋中。

注意事项 储藏的食物被放置在一个架高的平台上，有利于防潮和通风。

屋顶 将茅草平铺到木屋架上搭建而成。三角形或者山墙屋顶可以让积雪滑落而不致堆积。

简陋 凯尔特人的房屋中缺少家具，他们也不知道应如何划分生活区。凯尔特人永远都在同一个宽敞的房子里生活起居。紧挨着房子内壁堆起一个土台充当大餐桌。

火 这是家里做饭和取暖不可或缺的部分，一般在房子中间，摆上一圈石头将生火的地方围起来，在旁边摆放锅具。

地板 地板是将泥土去除杂物后小心夯平形成的。凯尔特人会将温暖的动物毛皮铺在上面，席地而眠。

家畜 马、猪和绵羊散养在住房周围，这些是凯尔特人的重要经济来源。

墙体 房屋的墙体是用定居点最盛产的材料建造的。通常使用一种柳条搭架，然后覆上土坯。

凯尔特钱币

伴随凯尔特部落的扩张，他们在中欧的广袤土地上建立了许多永久性居住点，贸易也在不断发展，由此推动了凯尔特人金属钱币体系的兴起。早期，凯尔特人模仿希腊人和罗马人铸造钱币样式。久而久之，凯尔特人发展出了自己的钱币，将自己民族的独特艺术形式融入其中。设计不追求逼真的细节，而是更倾向于抽象主义。凯尔特人生产的钱币数量惊人，这在很大程度上要归功于其拥有的大量金属资源，例如，金、银和锡。◆

钱币背面采用了凯尔特文化中最受人喜爱的动物形象——马。不过，此钱币的独特之处在于人头马身，让人联想到希腊的牛头怪，这显然是希腊文化影响的体现。

法国高卢发现的凯尔特金币

独特设计

不同于希腊人和罗马人清晰、具体的钱币图案设计，凯尔特人倾向于采用更多抽象的形式和装饰，尽管钱币的基础图案也很清晰。举例来说，钱币中人像的头发是用起伏的线条绘制的，这在凯尔特人的艺术作品中极为常见。凯尔特人的钱币图案设计深受曲线和圆形的影响，并完美融合了古典和抽象的表现形式。

希腊和罗马的影响

最初，凯尔特人模仿当时希腊流行的钱币。例如，他们制作的钱币上刻有阿波罗神（Apolo）的形象。后来，在罗马的影响下，他们不再学习希腊，转而模仿罗马的钱币。随着时间的推移，凯尔特人发展出自己的风格，与前两者各不相同。不过，他们保留了一项传统：钱币上的头像通常代表部落首领。

❖ 刻有亚历山大大帝头像的希腊钱币，是凯尔特人早期仿造的货币样式之一。

❖ 117年至138年流通的钱币，刻有古罗马皇帝哈德良（Adriano）的头像。这种钱币也在凯尔特流通甚广。

在萨福克郡埃里斯韦尔发现的凯尔特人和罗马人的钱币

种类繁多且数量惊人

如果说凯尔特人最初制造钱币时缺乏一定的创造力，那么，不可否认的是，在有了模型以后，凯尔特人用心铸造了大量钱币。当然，这还要归功于凯尔特人拥有的大量贵金属资源。例如，莱茵河、比利牛斯山和阿尔卑斯山的金矿、塔恩河和奥弗涅的银矿，以及布列塔尼的锡矿。

巴里西部落

凯尔特的巴里西部落（法国首都巴黎便取自该部落之名）造出了一种背面独特的钱币。这种钱币图案上，马匹的形象伴随着一系列弯曲的线条和小圆圈的背景。雕刻钱币的工匠表现出非凡的技艺，每一枚钱币都是一件精美的小型艺术品。

❖ 来自巴里西部落的金币背面图案。

罗马的征服

　　罗马人很快找到了凯尔特人城池要塞的薄弱环节，并突破防线，攻城略地。在罗马人称为高卢人的凯尔特部落里，罗马化进程逐渐蔓延开来，进而削弱了他们的内部防御。罗马征服者们也开始采取越来越大胆的军事行动。波谷地区的山南高卢和山北高卢很快被罗马人征服。后来，朱利叶斯·凯撒击败了高卢最后一位伟大的领袖维钦托利（Vercingétorix），终结了高卢的抵抗。◆

朱利叶斯·凯撒对高卢人发起了决定性战役。高卢人组织了顽强而持久的抵抗。但是，前52年，罗马军团最终还是打败了维钦托利领导的高卢联军。上图是凯撒无数的头像之一。

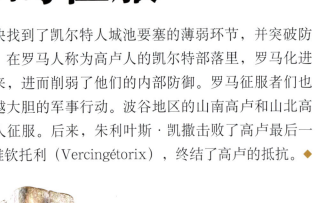

武器锻造 凯尔特人精通冶金，锻造了高品质的武器，例如，可怕的长矛、各种尺寸的剑，以及盾牌、锁子甲和头盔等高效防御装备。左图是矛头和制造它的石模。

右侧雕像再现了一个高卢人被俘前自杀的场景

荣誉感

　　凯尔特人部落的英勇无畏迅速得到认可。无论是在无情的战场上，还是在被围困的城市里，他们都表现出强烈的荣誉感，以及顽强不屈和坚韧不拔的品质。事实上，战败时，出现了许多个人或集体自杀事件。凯尔特人宁愿选择自杀维护荣誉，也不愿耻辱地无条件投降。

高卢战士

　　高卢战士留着长发和辫子，蓄着薄薄的上唇须和络腮胡须，他们是熟练的骑兵，经常给敌军造成严重的破坏。在战斗中表现英勇的战士会得到褒奖，分到最多的肉块。贵族一般担任军队领导职务。

◆ 一个骑在马背上的高卢战士展示他最喜欢的武器。

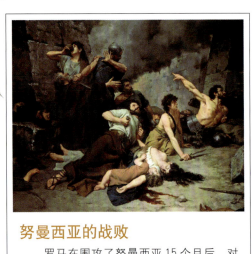

努曼西亚的战败

　　罗马在围攻了努曼西亚15个月后，对凯尔特伊比利亚部落的征战达到了顶峰。前133年，努曼西亚最终因为粮绝而城陷。城里的凯尔特人集体焚城自尽。

◆ 1880年阿莱霍·维拉（Alejo Vera）和艾斯塔卡（Estaca）的油画《努曼西亚的最后一天》，描绘了伊比利亚半岛的凯尔特人抵抗运动。

高卢人的牺牲是罗马文学和雕塑艺术中反复出现的主题之一，充分体现了罗马人对仇敌英勇无畏的敬佩之情。

罗马的记忆

支撑罗马人对高卢发动数次战争的愤怒之火源自高卢对罗马犯下的一笔旧账。前387年，高卢人烧毁了罗马，并索取了一笔巨额赎金。据说，当罗马人抱怨凯尔特人衡量赎金的天平有问题时，凯尔特首领布伦努斯（Brenno）将他的剑加在天平上，说道："失败者的悲哀！"左图是19世纪描述该场景的版画。

新的起义

前53年，高卢再次爆发起义，各部落在维钦托利的领导下结盟反抗罗马。维钦托利选择游击战术，纵火烧毁了村庄和农田，断绝了罗马军队的给养来源。尽管遭遇了一些挫折，朱利叶斯·凯撒还是在阿瓦利肯（布尔日）以及后来的阿莱西亚取得了胜利。高卢军队在阿莱西亚遭遇围困，直至粮绝而被迫投降。投降时，维钦托利将武器扔到了胜利者凯撒的脚边，他被戴上镣铐并被囚禁数年。后来，他被作为"战利品"拉到罗马游街。

❖ 维钦托利放下武器，向凯撒投降，18世纪版画。

宗教信仰和文化遗产

在艺术与宗教信仰之间

如果说，艺术作品在一定程度上反映出社会特征，那么，凯尔特人就特别重视区分社会等级的标志，至少就饰品而言是如此。

在这样一个等级森严的社会，珠宝发挥着区别阶级身份的独特作用。在凯尔特男女佩戴的诸多个人饰物中，项链尤为突出，只有统治阶级才能佩戴。凯尔特人认为，项链具有魔力，有时他

❖ **石像** 凯尔特人宗教信仰的代表，据考证，此石像雕刻于5世纪至7世纪。爱尔兰有不少此类石像。

们会全身赤裸，仅佩戴项链，手持武器与人作战。项链常以黄金制成，但有时也用铁和青铜制造。项链的重量各不相同，取决于所用材质，有些项链重量将近0.5千克。项链最讲究的装饰部分是两端，上面刻有一些图案，如狮子的头或爪子。

普通阶层常常佩戴别针。这是一种用来固定男人和女人衣服的胸针。和项链一样，别针也会极尽装饰，别针上镶嵌的宝石表明了佩戴者的社会地位。

除了这两样主要首饰，凯尔特人还制作了许多个人饰品，例如，手镯、带扣、护身符和耳环，此外还有青铜梳子和镜子。

对金属物品的装饰也运用到了武器上，尤其是在凯尔特剑柄、刀柄和盾牌上。由于凯尔特人的世界观包含尘世以外的世界。因此，凯尔特人也会制造和设计用于宗教仪式的武器，以纪念他们的神灵或为战场上牺牲的战士陪葬。

武器中，镶有宝石和象牙的金制剑柄非常普遍，剑鞘也装饰得精细、讲究，且经常使用人类和动物的纹饰。但是，在头盔和盾牌上，几何图形尤为突出，特别是圆形和曲线。

其他物品

水杯、水罐、钱币和别针等各类物品也体现出凯尔特手工艺人和金银匠的精湛技艺，日常生活中一些具有特殊用途的器物也很讲究，特别是煮制食物的容器——锅，德鲁伊们还用它烹制神奇的药膳和汤药。

锅在凯尔特人的宗教传统中扮演着重要角色。它象征着富裕，甚至死后复生。实际上，凯尔特人的墓穴里也陪葬着锅具，作为献给死者的祭品，让其灵魂在另一个世界也可以享用所需的食物。

刚德斯特尔普大锅是出土的凯尔特人各类锅具中最重要的发现。该锅出土于1891年的丹麦，其年代可以追溯到前2世纪或前1世纪。大锅由13块银板焊接而成，并装饰有精美的图案：在角蛇的引导下，战士们冲向战场。

巨石纪念碑

凯尔特人除了用黄金、白银、铁和青铜进行冶金，还喜欢用石头和木头创作，将其雕刻、打磨成神的雕像。特别是那些散布在凯尔特人辽阔地域中的大型花岗岩纪念碑，例如，支石墓和竖石

❖ **建筑** 英格兰康沃尔郡奇索斯特的凯尔特人卡斯特罗堡废墟，其圆形的形制建筑特征明显。

纪念碑。竖石纪念碑尤为瞩目，巨石被竖立安放，并刻有不同的铭文。世人认为，这些巨石并非都是由凯尔特人自己安放的，而是由更原始的文明留下的。但凯尔特人将其融入了他们的世界，并在其上雕刻了十字架，以及欧甘语和卢恩文字的铭文。更重要的是，凯尔特人认为，考虑到巨石的重量和体积，如何运输并安放巨石需要强大的力量和智慧，这必然是一个强大而先进文明的杰作，从而更加激发了凯尔特人对这些巨石的敬仰和崇拜。

凯尔特人相信，这些古迹具有不同的神力，并且巨石的性质也赋予其不同的功效。因此，凯尔特人在巨石下发誓、祈愿，甚至举行治疗和求子仪式。

吟游诗人

除了观赏艺术，凯尔特人还特别重视口述传统，这使他们的传奇故事得以世代相传。吟游诗人、诗人和歌手是口述传统的引擎和灵魂。一般来说，吟游诗人受雇于人，创作诗歌，用来赞美主人、贬低主人的仇敌。他们还按照贵族的地位歌颂其在战事或狩猎活动中的英雄事迹。诗人吟唱时往往弹起里拉琴伴奏，他们就像德鲁伊一样，作品不通过书面形式留存，只以口传心授的形式

人 祭

❖❖❖

根据罗马人的记载，凯尔特人举行祭礼时，将动物和人扔进河水和湖泊中，作为祭品献给神灵。他们还会举行大规模的人祭，献祭那些战场上的俘虏。

但是，这一说法缺乏充足的考古证据，让人怀疑这很可能是罗马人夸大其词，甚至是对他们当时死敌的诽谤。不过，确有史料记载，凯尔特人会向在战斗中牺牲的战士献祭，为其举行葬礼，用精美的武器装饰死者。他们还在坟墓里放置锅具和食物陪葬，这证明凯尔特人相信死后的世界真实存在，因此，必须为牺牲的战士提供在死后世界生活的必需品。

❖ **凯尔特十字架**的十字交接处有独特的圆形图案，两侧还有复杂的装饰。左图，爱奥那岛上发现的"圣马丁十字架"侧面细节图。

圣　树

❖❖❖

古代凯尔特人的文化中，树木是其自然崇拜的主要对象。其实，某些凯尔特部落用其居住地森林里最多的树木名字称呼自己，如红豆杉。

但最受敬仰和崇拜的物种是橡树，它是力量和权力的唯一象征。此外，因橡树高大挺拔，凯尔特人也将其奉为生育之神。

德鲁伊将橡树作为至高之神的象征膜拜，并在橡树林举行年度会议。另外，从词源上讲，"德鲁伊"一词就是"橡树人"的意思。德鲁伊还认为槲寄生拥有神奇的力量，因为槲寄生寄生在橡树之上。

流传。

随着时间的流逝，这些吟游诗人在很长一段时间后才奠定了凯尔特神话的基础，他们口中的传奇故事也是地方民间传说的重要部分。也许直到6世纪之后，书写的传统才在爱尔兰形成，而且仅在爱尔兰形成。无论如何，还是保留了几部书面作品的片段，虽然是在更晚一些的年代，例如，12世纪的《夺牛长征记》（Libro de la vaca parda），以及同时期甚至更晚的英国凯尔特人的其他作品。

吟游诗人和说书人的活动对当时社会来说也是一种娱乐、消遣。因为有时村庄之间会举行公开竞赛，整个村落的人都会前往观赛和庆祝。

所有这些活动都有很强的神话色彩，并与浓厚的地方信仰有着千丝万缕的联系。

凯尔特神话

凯尔特神话缺乏统一和完整的体系，从某种程度上来说，这与其不同部落族裔组成的社会广泛性和复杂性相吻合。所以，在不同地区，神灵和神话以不同的名字出现，还带有地域色彩。尽管如此，仍有许多广为流传的传说，例如，勇士的冒险，以及针对大自然及其迷人和神秘地区的探险故事。

正是由于缺乏统一性，凯尔特人的

神话被划分为几个体系，其中包括古老的凯尔特宗教；分为几个故事体系（神话故事集、阿尔斯特传说、芬尼亚传奇和历史故事集）的爱尔兰神话；最后是威尔士神话。

在爱尔兰凯尔特人的神话中，有一个关于起源的故事，讲述了两个不断争斗的种族：达努神族和深海巨人族弗莫尔。达努神族是爱尔兰的第五批移民，许多伟大的国王和英雄都与之相关。另一方面，弗莫尔是一个一直想要入侵爱尔兰的巨人族，代表着邪恶势力。

在爱尔兰神话体系中，达格达（Dagda）是众神之父，也是德鲁伊的向导。根据传说，达格达带领达努神族击败了以巴罗尔（Balar）为首的巨人族弗莫尔。达格达是一位善良、贪吃且性欲旺盛的神明。他的形象经常带着一口总是取之不尽的魔法锅和一把不用弹奏就可以发声的魔法竖琴。他还有一根奇特的巨棍，一端可以杀敌，而另一端则有起死回生的力量。

巴罗尔的额头上和脖子后面各有一只眼睛，脖子上的这只魔眼一直紧

❖　**雕像**　左图是一个天使和一个持剑男人的雕像，雕像被安放在北爱尔兰贝尔法斯特女王大学对面。持剑男人被认为是库丘林（CuChulainn），凯尔特人的伟大英雄之一。

❖ **野猪** 英国发现的青铜像，可追溯至前1世纪至1世纪之间。对于凯尔特人来说，野猪是胆量和男子气概的象征。

闭，一旦巴罗尔睁开这只魔眼，所有看到它的生灵都会丧命。

爱尔兰神话中其他重要的神祇还有：战争女神莫瑞甘（Mórrigan）；掌管火和诗歌的女神布里奇德（Brigid）；锻造武器的工匠守护神哥布纽（Goibniu）；医药之神狄安希特（Diancecht）；爱神安格斯（Angus）；鲁格（Lug）因拥有所有的神力，所以没有设专司一职。

塞努诺斯（Cernunnos）是丰盛之神和掌管野生动物的神祇，他的形象通常为头上长着鹿的耳朵和角，身边伴有一只长着羊头的怪蛇。

凯尔特高卢人还保留着相当多之前信仰的神祇，包括塔拉尼斯（Taranis）、图塔蒂斯（Teutates）和埃苏斯（Esus）三神。

在这个神话背景下，凯尔特人特别重视地下世界，那是死者不朽灵魂的栖息之所。他们还关注自然元素，如空气和火。德鲁伊声称知道如何用这两个元素对付敌人。

亚瑟王传奇

一方面，在凯尔特人的传统文化里，亚瑟王（Arturo）及其圆桌骑士（Tabla Redonda）的传说广为流传，无出其右。另一方面，它也是凯尔特人最

悠久的历史文化遗产之一。

亚瑟王传奇围绕着一个预言展开：一个年轻人在拔出了插在岩石上的剑之后成了国王，并建立了自己的国家。在这个国度里，忠诚和荣誉高于一切。

亚瑟王传奇不仅包括许多重要角色，梅林（Merlín）、圆桌骑士、摩根勒菲（Morgana）等，还充满了魔法元素（圣剑）和魔幻经历（寻找圣杯）。不过，无论何种场景，正义与和平最终会战胜黑暗与邪恶。从这个角度看，亚瑟王传奇不仅融合了独特的凯尔特神话，还汇聚了所有知名文化的元素。凯尔特的其他传奇故事也塑造了很多英雄人物，例如，爱尔兰史诗《夺牛长征记》中最著名的人物库丘林；既是战士也是诗人和魔术师的芬恩·麦克库尔（Finn Mac Cumail）；以及爱上伊索尔德公主（Isolda）并终生不渝的特里斯坦王子（Tristán）。

❖ 在一处基督教墓地发现的双面**石像**，人物相貌、神态是典型的异教徒凯尔特人的特征。

在真实与梦幻之间

人们普遍认为，德鲁伊在凯尔特人的社会中担任着特殊的角色。他们通常穿着白色长袍，精通自然科学，并通过口述传承知识，凌驾于统治者和人民之上。德鲁伊主持祭祀，在军事战役中也主持重大典礼仪式。但无论是宗教事务，还是在政务领域，德鲁伊的地位都独一无二。因为他们不仅是法官，还要为国王和贵族提供建议和见解。德鲁伊的权力如此之大，以至于德鲁伊教被公认为神权政治，辅佐了爱尔兰、英国和高卢的凯尔特人部落的统治阶级。他们坚持口头传播教义和知识，这也导致世人对其典礼、习俗知之甚少，只能依靠罗马人提供的资料探索和研究。根据罗马人的记载，德鲁伊会在橡树林里举行秘密会议，还会经常在那里举行信徒大会。根据传说，他们每年都要在卡努托斯的圣林中集会。这片圣林位于都柏林以北，那里有世界上最大的橡树林。在聚会上，德鲁伊会分享他们的惊人发现。

❖ 一个高卢德鲁伊向部落里的一个凯尔特人提出建议。从王公贵族到贫困农民都会向德鲁伊寻求帮助。

凯尔特神祇

　　凯尔特民族构成的多样性以及在整个发展过程中的政治差异，成为凯尔特人宗教无法统一的最大障碍之一。无论信奉的神祇还是宗教习俗，各部落都没有达成一致。凯尔特人崇拜的神祇众多，其中很多只是当地膜拜的神明，尽管也包含罗马化的神明。众神之中最重要的神祇是达格达，他是万物和知识之父，伸张正义，同时他还是一个可怕的战士。尽管没有留存任何这位主神的图像，不过人们公认，凯尔特伟大的艺术作品之一"塞那阿巴斯巨人像"很可能就是他的形象。◆

凯尔特神话里最经典的英雄人物之一是努阿达（Nuadha，上图是在圣帕特里克发现的努阿达雕像）。根据当地传说，他是爱尔兰第五批移民达努神族的一位神祇。"努阿达"这个名字的意思是"银臂"，这是因为努阿达在一次战斗中失去了一只手臂，医药之神狄安希特为他打造了一只银臂。

刚德斯特尔普大锅

　　前2世纪的凯尔特大锅，高42厘米，直径69厘米。出土于丹麦日德兰半岛，由13块银板组成，雕刻着凯尔特神话的图案，如塞努诺斯和塔拉尼斯的形象。根据当地的信仰，凯尔特人的魔法大锅具有特殊的神力，例如，它可以提供一千人的食物，就像达格达的魔法大锅一样，吃了它烹饪的食物可以获得智慧，甚至可以起死回生。

❖ 刚德斯特尔普大锅的一块银板细节。

法国韦尔戈特村庄的阿图罗营地景色

起源

　　凯尔特神话建立在两股势力激烈争战的背景之下：爱尔兰神话体系中众神组成的达努神族，以及一群生活在爱尔兰周围岛屿上的巨人族弗莫尔，他们一直想入侵爱尔兰。前者代表人类社会及其经济、文化的发展；后者则与之相反，代表原野和试图压制人类社会的黑暗力量。

大自然是凯尔特神话中独一无二的元素。例如，树木代表了生命本源，同时还可以预测未来，故而成了德鲁伊崇拜、敬仰的对象。

塞那阿巴斯巨人像

　　巨人像位于英格兰南部多塞特郡的塞那阿巴斯村附近的山脚下，它没有给人们带来太多联想。伸出的左手暗示他正握着某物，有些说法认为是狮子皮，就像大力神海克力士（Hércules）披着的狮子皮。这种推测是基于在诺福克发现的一个类似的陶瓷雕像，罗马皇帝康茂德（Lucio Aurelio）在其统治时期（177年至192年）极力推崇大力神，并将其传到了英国。因此，巨人像很可能只是这位希腊罗马英雄海克力士在那里的"翻版"，只不过名字变成了赫尔基斯（Helkith）、海利斯（Helis）或者海尔（Heil）。这尊巨人像代表生育能力，与爱尔兰的主神达格达有关。

❖ 巨人像的全景。他身高55米，宽51米，手持巨棒长37米，有锯齿。

女神布瑞吉特（Brigit）的青铜头像，1世纪

灵感女神

　　布瑞吉特是凯尔特众神中最强大的女神之一。传说她出生时头带火焰，这也是她被人们视为火之使者的缘由。此外，她拥有启迪灵感的能力，被诗人和艺术家所膜拜，她还会治愈疾病，传授人们有关减轻各种疾病天然草药的必要知识。她的传说至今仍在爱尔兰流传，作为圣女，布瑞吉特接受人们的敬仰。

德鲁伊

德鲁伊拥有多重身份，他们既是凯尔特人的神职祭司，又因为掌握森林中植物的药用功效而作为医生为人们治疗疾病。知识渊博的德鲁伊同时还是天文学家、哲学家、魔法师和先知。穿着白色长袍，手持金色的镰刀和魔法水壶是他们的传统形象。然而，历史上真实的德鲁伊是凯尔特社会的关键人物，他们所掌握的力量和职能使其成为凯尔特社会的特权阶层。因为德鲁伊依靠口述代代相传，最终，得益于罗马的史料记载才让世人重新认识了这一神秘形象及其诸多轶事。◆

槲寄生寄生于森林的树梢之上，是德鲁伊仪式中的特有元素。德鲁伊认为槲寄生具有神奇的治愈能力。

森林中的一片空地上，一位德鲁伊主持仪式的复原场景

集会地

德鲁伊采用两种方式保存他们的魔法秘方。一方面，他们要避免书面记录，只靠口述流传；另一方面，他们要在大森林中修习，远离外人的窥视。这些森林里通常都长有大量的橡树。根据传说，他们每年都会聚集在都柏林以北的卡努托斯森林中，彼此交流知识并分享重要发现。

德鲁伊通常需要在火堆上用铜制或银制的大锅熬煮神药。德鲁伊将槲寄生与药材混合在锅中制成神药，治疗病人的躯体和灵魂。

新德鲁伊

威廉·斯图克利（William Stukeley，1687–1765）是第一个将巨石阵神秘石圈与凯尔特宗教信仰联系起来的人。后来，随着浪漫主义和非基督教文化的兴起，涌现出很多德鲁伊教团体，主张各自的人文主义价值观。在所谓宣扬凯尔特神话和奥秘的"新时代"背景下，德鲁伊教复兴运动一直延续到了今天。

❖ 在巨石阵里举行的新德鲁伊教仪式上，人们尊重并保留了古代德鲁伊在祭典中所穿的礼服。

橡树在凯尔特人的信仰中至关重要。实际上，有些观点认为"德鲁伊"是从凯尔特语"drus"（意指橡树）一词衍生而来的。橡树是森林的主宰，也是凯尔特神话中众神的栖息地。

仪式

在德鲁伊担任的众多职能中，最重要的是在凯尔特人的宗教仪式上担任主祭，而这些仪式中少不了献祭公牛。大多数史料表明，德鲁伊常常在树林的空地上举行集会。

❖ 展现一名德鲁伊在树林里主持仪式的版画。

助手 德鲁伊一般独自工作，或最多只配一个助手。有时他会向助手传授一些知识，而后者必须对所学的东西完全保密。

德鲁伊

德鲁伊的经典形象是由古罗马作家、博物学家老普林尼（Plinio el Viejo，23—79）记录的。在他的描述下，德鲁伊们身穿白色长袍，并挥舞着金色的镰刀，割下槲寄生。他们是伟大的智者，受到社会的高度尊重，是凡人与神灵之间的媒介。

❖ 穿着传统服装的德鲁伊版画。

凯尔特人的葬礼

　　古凯尔特人深信死后世界的存在，因此，他们会为死者准备好前往"另一个世界"旅途中所需要的一切。珠宝、武器、工具、炊具、生火的木柴，以及大量的食物和饮品都是死者的随葬品，其数量取决于死者的社会地位。不是所有人都采用土葬，在某些时候，死者会被放入水泽，这种情况大部分是向诸神表示感谢；还有一些则被火化，骨灰收敛在小型青铜瓮中，并与死者的财物以及在死后世界生活的必需品一起埋葬。◆

尸体平放入殓，身上无东西包裹，如果死者是位贵族，则会穿上生前最好的衣服。穷人只是裹上裹尸布下葬。

安放　死者的尸体会被安置在不同的地方，例如，放在青铜床架上。有时，依据死者的社会地位，遗体可能会放置在他的马车上。

马车只在王室或大人物的墓葬里才会出现。有时，马车会被拆零陪葬，大车轮直接平放在地上，尸体安放其上。

食物　凯尔特人会为死者准备前往死后世界这一漫长旅程所需的一切，如将大量食物存放在大罐内。他们甚至会准备柴火，让死者在旅途中生火取暖。

尺寸 一般来说, 贵族墓葬规模很大, 有些圆形墓葬直径达60米左右。墓葬深度最深达6米。

墓葬 结构非常简单。一个由木墙围成的地下墓室, 地面铺设石块。之后填土, 筑起高高的坟包, 显然, 这会引来王室盗墓者。

角状酒器 除了食物, 凯尔特人还会为死者陪葬大量的酒。在一个发掘的古墓中甚至发现了1 100升葡萄酒。

历史古迹

当凯尔特人在中欧和大不列颠的辽阔地域里定居下来后，他们发现了前人留下的石碑并将其收为己用，如支石墓。竖石纪念碑亦是如此，这些纪念碑是竖直放立的巨型岩石，顶部通常呈圆形或尖角。它们都成为凯尔特人举行仪式的场所，凯尔特人用其母语欧甘语或者卢恩文字在巨石上留下了各种铭文和图画。建在山坡上的优芬顿白马则是凯尔特人自己雕刻的巨石杰作。◆

凯尔特人抵达爱尔兰时发现了这些竖立的巨石，就将其命名为"caillecha"，意思是"女巫"。有些观点认为，这是因为凯尔特人相信这些巨石可以与另一个世界沟通。上图是凯尔马里阿巨石。

优芬顿白马的鸟瞰图

与众不同的标志建筑

位于优芬顿（英国牛津郡）附近，至少已有3 000 年的历史。马，因其美丽、快速、勇敢和生殖能力强，成为凯尔特神话中最受推崇的生物之一。也正因为这些特点，马也是凯尔特战士最喜爱的象征。它还代表女神艾波娜（Epona），因此，与生育、健康和死亡相关。

支石墓

最具有凯尔特文化特色的遗迹就是"支石墓"，其最初的意思是"石桌"。它由两块或者多块竖石承托一条横石构成。这些支石墓并非凯尔特人建造，但凯尔特人却非常崇信它们，并在那里举行宗教仪式。

巨石的价值

凯尔特人将花岗岩巨石阵作为崇拜的对象，因为他们推断，只有能力出众、身强体壮又聪明的人才能搬运如此巨大的花岗岩。他们甚至将其中一些巨石当作神灵的安息之所。

◆ 来自法属克里塔尼亚州圣圭诺尔的竖石纪念碑，上面刻有许多卢恩文字。

❖ 三重石块竖立的支石墓，位于爱尔兰科克郡南部海岸的金塞尔小镇。

吉桑多公牛石像

凯尔特伊比利亚文明的雕塑群,得名于发现石像的小山。这些类似公牛或猪的四足动物石像完全是由花岗岩雕刻而成的。根据传说,雕像是前2世纪由一个畜牧业发达的部落雕刻而成,以此献祭神灵,祈求保护牛群和牧场。

❖ 四座吉桑多公牛石像,位于西班牙阿维拉省。

尺寸 优芬顿白马尺寸惊人,全长达到111米,高30米。整幅画像由开凿90厘米深的石槽勾勒而成。

图罗巨石

位于爱尔兰高威郡,石头顶部雕刻着许多复杂而抽象的图案,据推测,它们分别代表人、植物和动物。凯尔特人认为这些巨石拥有神奇的力量,所以可能在那里举行仪式和集会。

❖ 图罗巨石的图案是不连续的浮雕,以曲线为主。

建筑

从部分遗址的重建可以看出,凯尔特人的房屋结构简单、小巧,且彼此相邻,主要呈圆形或椭圆形。他们也有不同规模的排水系统和花园。

❖ 英格兰康沃尔郡的凯尔特居住地废墟,可以看到叠砌的石头没有涂抹灰浆。

亚瑟王传奇

亚瑟王传奇是凯尔特文化中最受推崇的传奇故事，它不仅在全世界广为流传，还启发了其他文化，创作出无数冒险传奇故事。故事着重讲述了一个年轻人如何成为英国国王的传奇经历，实现了英国政治和军事上的统一。圣剑、伟大的巫师梅林，以及由勇敢的亚瑟王组建的圆桌骑士团只不过是故事的一部分，但这部英雄传奇却延续了多个世纪，自始至终，不断宣扬公平、激情和英雄主义的理想。◆

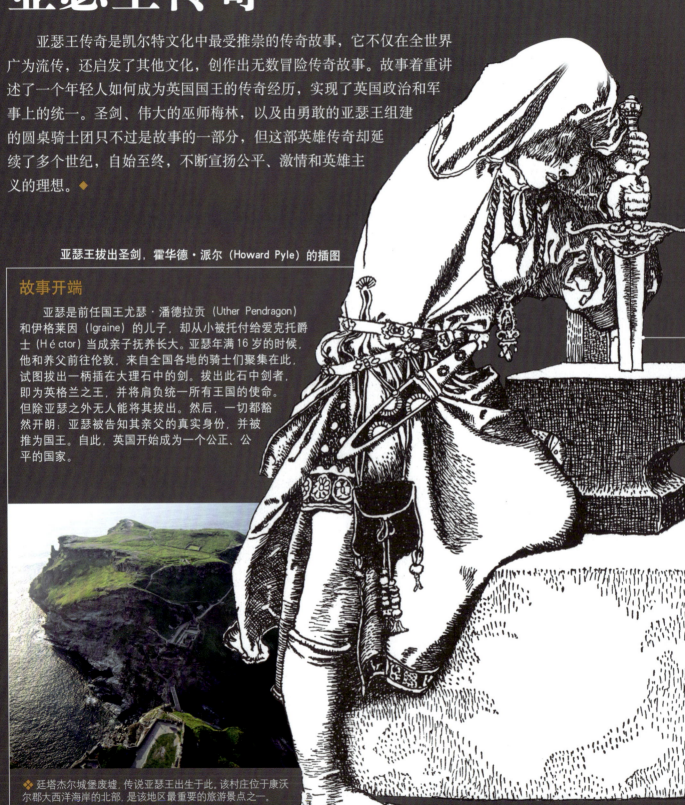

亚瑟王拔出圣剑，霍华德·派尔（Howard Pyle）的插图

故事开端

亚瑟是前任国王尤瑟·潘德拉贡（Uther Pendragon）和伊格莱因（Igraine）的儿子，却从小被托付给爱克托爵士（Héctor）当成亲子抚养长大。亚瑟年满16岁的时候，他和养父前往伦敦，来自全国各地的骑士们聚集在此，试图拔出一柄插在大理石中的剑。拔出此石中剑者，即为英格兰之王，并将肩负统一所有王国的使命。但除亚瑟之外无人能将其拔出。然后，一切都豁然开朗：亚瑟被告知其亲父的真实身份，并被推为国王。自此，英国开始成为一个公正、公平的国家。

❖ 廷塔杰尔城堡废墟，传说亚瑟王出生于此，该村庄位于康沃尔郡大西洋海岸的北部，是该地区最重要的旅游景点之一。

兰斯洛特骑士

传说他是亚瑟王最忠心的骑士，也是最强大的军事统帅之一。实际上，他在很多场战争的胜利中都发挥了至关重要的作用。然而，他与亚瑟王妻子之间的恋情加速了王国的崩溃。

圣剑 与其主人一样富有传奇色彩，这把剑拥有不同寻常的力量和魔力，比如，可以使主人几乎战无不胜。许多传说将其无敌魔力归因于锻造者梅林。在流传最广的版本中，亚瑟是从一块大理石中拔出了圣剑。其他版本则将其与湖之仙女联系在一起。其实，当亚瑟临终时，他吩咐他的一位骑士将圣剑投回仙女所在的湖中，而当骑士照做之后，一只手出现在湖中将圣剑接住，带回了湖中深处。

❖ 兰斯洛特和亚瑟王的妻子桂妮维亚王后 (Ginebra)，霍华德·派尔的插图，1905年。

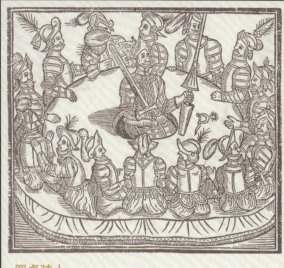

圆桌骑士

在被奉为英格兰国王之后，亚瑟王带着宫廷和年轻的王后——廖德宽王（Leodegrance）的女儿桂妮维亚前往卡米洛特（亚瑟王宫）。他们还带上了廖德宽王赠予亚瑟王夫妇的礼物，也就是后来命名为亚瑟骑士团的圆桌。圆桌周围设置了150个座位，仅为最勇敢的骑士聚会使用，虽然每次会议都不会完全坐满。传说圆桌没有地位差异和君臣之别，在所有与会骑士中实现了完全的平等。

❖ 坐在中心位置的亚瑟王和他的神圣圆桌骑士，1634年版画插图。

梅林

梅林在亚瑟王传奇中无人不知，被认为是 6 世纪后期的威尔士巫师。他作为难以复制的原创角色，以其神话般的存在贯穿整部传奇。传说中，他既是巫师，又是吟游诗人、医生、部落首领和先知，他引导亚瑟走上追求智慧和公平的道路。

❖ 在传奇中，梅林是巫师们的老师，而历史上他似乎是凯尔特部落的德鲁伊。上图，由霍华德·派尔描绘的画作，1903年。

摩根勒菲，由霍华德·派尔描绘，1903 年

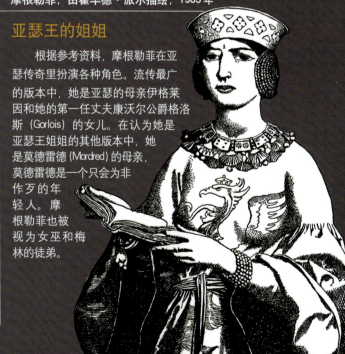

亚瑟王的姐姐

根据参考资料，摩根勒菲在亚瑟传奇里扮演各种角色。流传最广的版本中，她是亚瑟的母亲伊格莱因和她的第一任丈夫康沃尔公爵格洛斯 (Gorlois) 的女儿。在认为她是亚瑟王姐姐的其他版本中，她是莫德雷德 (Mordred) 的母亲，莫德雷德是一个只会为非作歹的年轻人。摩根勒菲也被视为女巫和梅林的徒弟。

凯尔特金银器

尽管凯尔特人深受其所接触的多种文明影响，但却在艺术审美上与众不同，更加出类拔萃，特别是用青铜、银和金等金属制成的珍宝，以及具有鲜明民族特色的金银器工艺。曲折繁杂的线条、抽象的几何图形和自然图案构成了装饰艺术的基础，并在基督教为主导的文明中留下了深远的艺术影响。项链、手镯、花瓶、镜子和别针都是凯尔特文化的艺术瑰宝。◆

战士们总会佩戴很多饰品，例如，耳环、手镯、项链和胸针，这些饰物通常由青铜抛光而成。上图是一个嵌有红色和黄色石头的手镯。

一切为了喝水、饮酒

凯尔特手工艺人和金银匠制作水杯和水罐的工艺超凡脱俗，水杯和水罐的底座、壶嘴和把手都装饰精美。它们主要采用青铜锻造，这些巧夺天工的作品甚至会伴随主人埋葬在最后的安息之地。

◆ 青铜壶，前4世纪中叶，用于特殊的宴会。

青铜镜

金属镜子

妇女专用的梳妆镜，在大多数古代文明中都很常见。通常由铜、银或青铜制成，形状为圆形或椭圆形。大部分流传于世的镜子都是在妇女的墓葬中出土的。

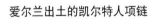

爱尔兰出土的凯尔特人项链

区分社会等级的饰品

尽管有些学者推断，项链是凯尔特妇女佩戴的饰品，但大家还是公认项链是区分社会等级的物品，项链的佩戴者必是达官贵人。事实上，凯尔特神明的形象总被体现在项链中，佩戴在脖子上。

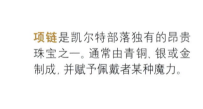

项链是凯尔特部落独有的昂贵珠宝之一。通常由青铜、银或金制成，并赋予佩戴者某种魔力。

镜子的装饰 一般占据镜子的背面,上面雕有弯曲和对称的图形和线条(高浮雕或浅浮雕)。镜子上还有一个镂空的手柄,方便使用。

手工艺

凯尔特的艺术家们擅长制陶。虽然陶器的尺寸和用途各不相同,但都装饰华美。他们还精通木工,特别是在雕刻和抛光工艺方面无与伦比。

❖ 凯尔特容器,可追溯至前4世纪。

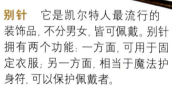

别针 它是凯尔特人最流行的装饰品,不分男女,皆可佩戴。别针拥有两个功能:一方面,可用于固定衣服;另一方面,相当于魔法护身符,可以保护佩戴者。

装饰

基督教兴起促使凯尔特艺术形式的再度流行,工匠们将其融入自制的金银工艺品中。那些具有典型凯尔特艺术风格的弯曲、交错线条,经常出现在十字架和圣杯的装饰中。在基督教的宗教书籍中,装饰图案比比皆是。《凯尔斯书》(Libro de Kells)就是一个例证,这是爱尔兰基督教的重要著作,可追溯至 800 年。

❖ 饰有曲线的爱尔兰圣杯。圣杯一般由青铜、银或金制成,有些还会镶嵌彩色的漂亮石头。

维京人
历史和社会组织

概述：奥丁的子孙

维京人非常勇敢、好战，精通航海和冶金。他们虽然没有构建出统一的文明和文化，但从8世纪末到11世纪，维京人对欧洲各大民族的文化均产生了深刻的影响。在其璀璨的文化遗产中，刻有某些历史典故的卢恩文字花岗岩巨石碑最为著名。另一方面，考古发现又让人们可以在一定程度上复原维京部落遗址，维京人在部落里有特定的分工，如建造房屋、防御外敌方面也是如此。◆

从英国海岸到现在的俄罗斯西部边界，狂热的维京战士们征服了大量当地部落。右图是芬德尔文化的头盔。

维京入侵

维京人是天生的航海家和战士。8世纪末，对英格兰海岸林迪斯法恩修道院的袭击和摧毁，让维京人首次登上了历史舞台。之后的3个世纪里，维京人凭借其可怕的武力横扫欧洲大陆，建立了自己的领地。

英国林迪斯法恩修道院废墟，建于7世纪。它是维京远征军队的第一个劫掠对象。

北冰洋

挪威维京人

冰岛

比尔卡

瑞典维京人

菲尔卡堡

北海 丹麦维京人

大西洋

马赛

地中海

圣地亚哥—德孔波斯特拉

里斯本

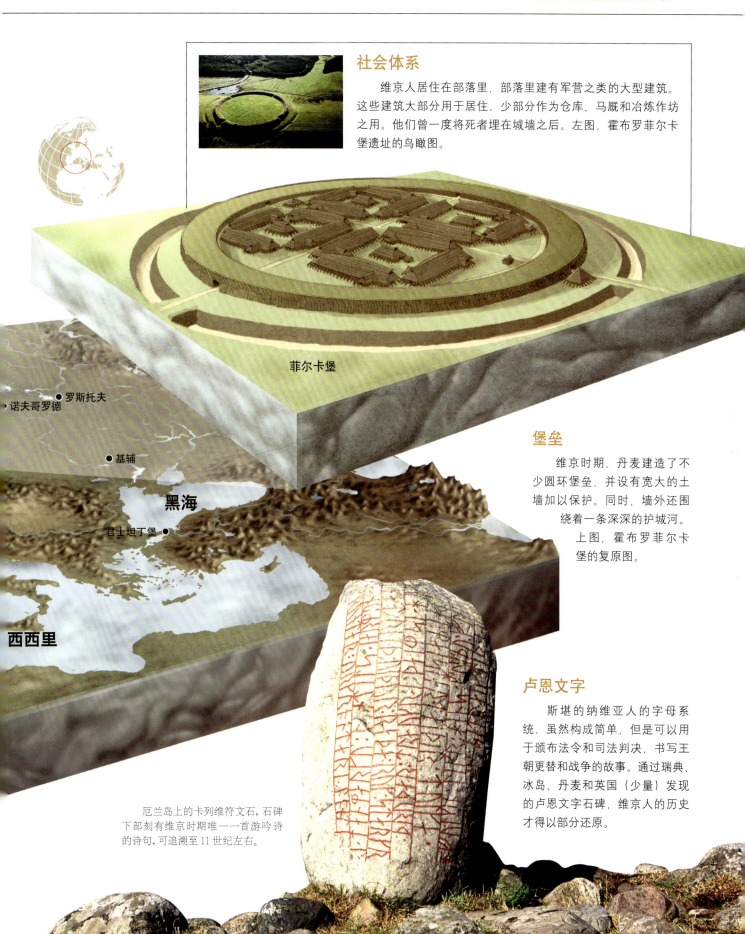

社会体系

维京人居住在部落里，部落里建有军营之类的大型建筑。这些建筑大部分用于居住，少部分作为仓库、马厩和冶炼作坊之用。他们曾一度将死者埋在城墙之后。左图，霍布罗菲尔卡堡遗址的鸟瞰图。

菲尔卡堡

诺夫哥罗德 罗斯托夫

基辅

黑海

君士坦丁堡

西西里

堡垒

维京时期，丹麦建造了不少圆环堡垒，并设有宽大的土墙加以保护。同时，墙外还围绕着一条深深的护城河。上图，霍布罗菲尔卡堡的复原图。

卢恩文字

斯堪的纳维亚人的字母系统，虽然构成简单，但是可以用于颁布法令和司法判决，书写王朝更替和战争的故事。通过瑞典、冰岛、丹麦和英国（少量）发现的卢恩文字石碑，维京人的历史才得以部分还原。

厄兰岛上的卡列维符文石，石碑下部刻有维京时期唯一一首游吟诗的诗句，可追溯至11世纪左右。

探险家和战士

7 93年，一支维京军队出现在不列颠北部，并劫掠、摧毁了林迪斯法恩修道院，所谓的"维京时代"由此开启。掠夺者来自一个日耳曼部落分支，

在几个世纪的时间里，一直定居在遥远而寒冷的斯堪的纳维亚半岛。

起源

最初的维京人部落分布在今天斯堪的纳维亚地区的3个国家范围内，它们是瑞典、挪威和丹麦。

这片广袤土地的地理条件（以及自然资源）千差万别，也许它们之间的唯一共同点就是靠近海洋，海洋除了为他们提供生存资源，还为他们提供了一种交通手段，也就是后来让维京人闻名于世的航海技术。

丹麦维京人定居在日德兰半岛和斯堪尼亚地区，并大量聚居在二者之间的各大岛屿。他们最为世人熟知的便是其浓重的军事烙印，经常入侵邻国领土，烧杀劫掠。

丹麦维京人对战事的重视程度从其建造的众多组织完备的防御工事"圆环堡垒"一望便知，例如，在海塔布建立的圆环堡垒。

❖ **手工艺**　维京人是金属（特别是铁、青铜、银和金）冶炼的伟大工匠和行家。左图是一个耳环。

与丹麦维京人不同的是，挪威维京人与海外领邦更倾向于和平共处。随着时间的推移，挪威维京人也踏上了探险与扩张的征程。这得益于他们掌握的丰富的航海知识，使其能够控制北海，并沿着内陆河流、海洋乃至大西洋进行探险。因此，他们最终殖民冰岛、格陵兰岛和文兰地区，也就不足为奇了。

而瑞典维京人则忙于海上航行，他们甚至远航至东欧边界，并在那里建造了后世称为俄罗斯的早期定居点。

大扩张

关于维京人的大规模扩张，流传最广的理论认为，这是由人口快速增长引起的，进而导致斯堪的纳维亚人征服并殖民了疆域以外的大片领土，这一势头从8世纪开始不断加剧。与此同时，扩张也要归因于当地农业的发展。生产效率的提高使人口快速增长，人口增长又反过来推动人们开拓新的耕作土地。

但是，人们普遍认为，这一扩张动机还涉及更多的原因，其中，维京人攻占的地区防卫力量薄弱也是一个突出的原因。此外，欧洲大陆旧贸易路线的衰落让维京人拥有了充分的贸易自由；弗里斯兰人的海上力量遭到法兰克人的破坏，这也使得维京人的战舰独霸大西洋的大部分海域。

维京人在793年突袭英国之后，便开始对欧洲大陆展开一系列的入侵。他们烧毁对方的防御工事，掠夺当地

❖ **地理环境** 在被挪威峡湾拱卫的宁静大地上发展出了早期的维京人部落（上图）。

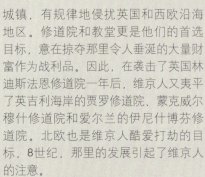

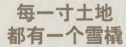

每一寸土地
都有一个雪橇

◆◆◆

如果说维京人的航海能力傲视群雄，那么，他们在陆地上的运输，特别是货运方面也同样出类拔萃。他们使用的交通工具是雪橇，这是一种装在一对滑雪板或橇板上的箱车，根据载重由人或者大型动物拉动雪橇，在雪地上轻松移动。

雪橇种类繁多，大小不一，根据主人的社会地位，还会装饰精美的雕刻。这种情况下，滑雪橇也会作为奢侈品成为主人的陪葬。

滑雪板通常由松木制成，长度可达两米。小型滑雪板还使用动物骨头的最长部分。在斯堪的纳维亚半岛，雪橇的使用可以追溯到青铜时代晚期。

城镇，有规律地侵扰英国和西欧沿海地区。修道院和教堂更是他们的首选目标，意在掠夺那里令人垂涎的大量财富作为战利品。因此，在袭击了英国林迪斯法恩修道院一年后，维京人又夷平了英吉利海岸的贾罗修道院、蒙克威尔穆什修道院和爱尔兰的伊尼什博芬修道院。北欧也是维京人酷爱打劫的目标，8世纪，那里的发展引起了维京人的注意。

8世纪末，维京人将征途延伸到了法国沿海，肆虐卢瓦尔河河口和其他城镇。820年，他们就已经到达了塞纳河。几年后，他们抵达了荷兰海岸。

维京人的扩张在840年左右进入了一个崭新的阶段，他们在爱尔兰建立了冬季临时定居点。13年后，挪威维京人完全控制了该地区，并于866年在约克建立了永久定居点。

与此同时，维京人的武装也对塞维利亚进行了首次袭击。该城在844年被夷为平地。巴黎和波尔多也分别在845年和847年被洗劫一空。随后，伊比利亚东部沿海地区和意大利的托斯卡纳等地也迎来了同样的命运。

从9世纪中叶开始，维京人入侵的脚步愈加频繁，他们或跨越大海袭击沿海地带，或通过内陆河流进入欧洲大陆腹地，尤其是德国和法国。维京人还沿着伏尔加河向东深入，分别在861年和863年控制了诺夫哥罗德和基辅。

直到878年，维京人才遭遇了一系列挫折，韦塞克斯（意即"西撒克逊"）国

◆ **探险家** 维京人四处探险，到达了很远的地方，足迹遍布广阔、多样的疆域。左图，留里克（Rurik）登陆波罗的海沿岸。留里克是罗斯人的首领，也是俄罗斯留里克王朝的创立者。

❖ **航海**是维京艺术中独一无二的存在。左图，钱币的正面。

王阿尔弗雷德大帝（Alfredo I）击败丹麦维京人，使其扩张受到一定的遏制。

从那以后，维京人的入侵仍在继续，可成果却是喜忧参半。885年，他们再次成功入侵巴黎。3年后，情况却截然相反，他们被布列塔尼的艾伦公爵（Alain）彻底打败。

新世纪的到来记载了维京人扩张的衰落，维京人在911年塞纳河口和931年卢瓦尔河地区屡遭败绩。

维京人向东部的扩张似乎更加一帆风顺。他们在黑海和里海疯狂出击，并在基辅建立了第一个俄罗斯王朝。

尽管在10世纪中叶维京人再次统治了英国，但其政权最终于1066年结束，当时，被称为"无情者"的国王哈拉尔三世（Harald III）在斯坦福桥战败身亡。"维京时代"也就此终结。

社会体系

一般来说，无论来自何方，每个维京部落都有着严格的社会等级制度，统治阶级地位最高，并从中推选首领或国王。此外，由贵族给部落提供充足的战士，以保卫部落的安全。

贵族财富的多少取决于其拥有的土地数量，贵族将土地细分、规划，出租给农民，积累财富。维京人定居点和城市的经济发展催生了最初的货币体系，如丹麦在8世纪就有铸造硬币的记录，但是直到11世纪才广泛流通。

贵族之下的社会阶层有农民、商人

下等阶层

❖❖❖

维京人的社会等级制度由多种因素决定：庞大的人口数量和复杂的社会多样性以及职业和劳动分工细化。占据社会大多数的人民属于非富裕阶层，包含仆人、奴隶、农民等阶层。

农民有权携带武器并参加"大会"。这是维京人社会中所有自由人的集合或代表大会。人们通过辩论制定并执行社会规定和法律，同时对罪犯进行判决，解决不同类型的诉讼，其中最主要的是关于土地所有权的纠纷。

奴隶处在社会的最底层，他们没有人身自由，不享受福利，也没有财产。他们的尸体一般都没有任何衣物饰品，而其陪葬的主人则装饰着各类珠宝、皮革和武器。

和工匠，奴隶处于等级金字塔的最底层。

家族权力、财富的继承似乎都是父子相承的世袭制。但也有记录表明，因家族其他人争权夺位而引发王朝内乱。其中，一些冲突通过武力得到解决，另一些则是通过谈判重新划分王国领土，实现两位国王共存的状况。这在10世纪的挪威屡见不鲜。

❖ **石碑** 瑞典斯德哥尔摩历史博物馆展出的维京石碑，属于铁器时代。

❖ **斧头**　完全由铁和银制成，于丹麦哥本哈根博物馆展出。

贵族阶层以及国王和王后的财富可以从他们的大型墓葬中了解一二。有些墓葬陪葬着大量奢侈品，例如，挪威奥斯陆峡湾的奥塞贝格墓葬。在其中一个墓葬里发现一个年轻女子的尸体（大概是王后）被安葬在雕刻精美的维京船内。她的旁边陪葬了大量生活物品，包括床、水罐、珠宝和毯子，甚至还有用于冬季运输的雪橇，以及夏季使用的交通工具。与这种奢侈形成鲜明对照的是，陪同王后下葬的一位年长妇女（应该是她的奴隶）的陪葬则寒酸、简陋。

海上冒险

航海活动不仅对维京人的海外探索和征服之旅十分重要，而且对其日后建立最繁忙的商业线路同样至关重要。在西欧，最受欢迎的商品是从波罗的海地区舶来的毛皮、羽毛、木材、铁和海象牙，而毛皮、蜂蜜和奴隶则被销往东欧地区。当然，那些港口也出口斯堪的纳维亚半岛缺乏的原料或加工材料，例如，丝绸、香料、葡萄酒和玻璃。贸易的发展也意味着重要的销售集散网络体系的建立，同时也促进了城市的长期发展，特别是8世纪以后。

维京人精通航海，因而建造了各种特殊用途的船只，从运送战士到运输货物，应有尽有。而维京船在统治阶级和富裕阶层的葬礼上也扮演着重要角色，它们会作为陪葬品埋在主人身边。

维京船最闻名于世的当属"龙头船"。发掘出的几艘龙头船表明，这种船种类繁多。不过，它们都有一个共同点，那就是装饰精美，特别是雕刻部分可谓精雕细琢。

❖ **战士**　维京人是专业的战士，他们锻造刀剑和斧头的技艺无比精湛，为他们对战争艺术的热爱锦上添花。下图是一组维京剑的手柄。

一个探险家家族

莱夫·埃里克森 (Loeif Eriksson, 970–1020), 绰号"好运莱夫", 他是红发埃里克 (Erik el Rojo, 950–1003) 的二儿子。红发埃里克与邻居发生争执并将其杀害后被判流放, 驱逐出冰岛, 于 985 年抵达格陵兰岛, 在此建立了第一个欧洲殖民地。

出生于冰岛的莱夫继承父业, 继续向西探索疆域。1000 年左右, 他到达了一个被称为"文兰"的地方, 这都是因为他对商人比雅尼·何尔约夫森 (Bjarni Herjólfsson) 口中的奇妙冒险故事充满了兴趣, 比雅尼向他讲述了一个自然资源丰富的地方, 那里盛产鲑鱼, 水草茂盛。莱夫在寻找的过程中到达了纽芬兰岛的北端。当时的他还不知道, 自己在那里建立的营地将会成为欧洲人在美洲的第一个定居点。但定居点存在的时间并不长, 几十年后, 由于恶劣的气候和当地土著人的敌对, 定居点最终解散。埃里克森家族的另一位探险家是莱夫的兄弟托尔瓦德 (Thorvald), 不过, 他没有莱夫那么幸运, 最终死在了当地土著人的手里。

❖ **开拓先锋** 莱夫·埃里克森是第一个抵达美洲的维京人。上图, 莱夫登陆的插画。

斯堪的纳维亚半岛

斯堪的纳维亚地区幅员辽阔，自然资源丰富。早期居民是一群游牧民族，因为土地肥沃，森林茂密，他们依靠捕鱼、狩猎和采集果实为生。根据当地的考古记录得知，他们使用石头和火石作为武器，这种生活方式和形态持续了大约四千年。进入新石器时代后，一切都改变了。在同一地区建立的定居点逐渐扩大，农业成为人们的主要产业。青铜时代，当地居民掌握了金属冶炼、锻造技术，最终改变了整个社会的进程。◆

瑞典斯科纳巨石群

新石器时代古迹

石头是新石器时代斯堪的纳维亚半岛居民宗教仪式的一种必要元素，被赋予了神奇的含义。人们用石头建造坟墓足以证实了这一点，在用巨石竖直建造的大墓室中，人们竖直安放尸体，然后在墓室上方覆盖土堆，周围环绕着摆放一圈较小的直立石块。

青铜时代

丹麦的青铜时代始于前1800年左右，并持续了整整一千年。这一时期，贸易规模不断扩大，越来越呈现出多样化，文化、经济和社会交往日渐增多。当地居民通常用毛皮和皮革换取青铜武器或炼制青铜合金（锡和铜）。

◆ 斯堪的纳维亚青铜时代的青铜像。据考，青铜在史前时期就已引入该地区。

峡湾

峡湾是挪威西海岸的独特地貌,为海水侵蚀后被淹没的冰川槽谷。峡湾两侧岸壁陡峭,向内陆延伸数千米。第一批居民因为这里的海洋、河流、湖泊和森林有着丰盛的物产资源,所以定居于此。峡湾为农业发展提供了理想的地理、气候环境,提供了很多山川环护的土地资源。此外,峡湾的平静水域也促进了海上交通的发展。

❖ 阿隆峡湾是挪威的众多峡湾之一,挪威峡湾海岸线绵延约2万千米,这里有当地最早的定居点。

生育 人类早期将生育与农作物的生长联系在一起。在这种背景下,这幅反映相爱情侣被玉米包围其中的岩画也就十分常见了。

巨石的运输和安放是后来居民心中的巨大疑问,他们出于对神力的推测产生了巨石崇拜。

岩画

岩画是青铜时代斯堪的纳维亚半岛居民存在的证明,洞穴及其内壁上的绘画展示了他们特别关切的事物,例如,动物、其他人类,甚至是船只。岩画中描绘最多的场景是狩猎和自然崇拜。除了几乎都是红色或黑色的岩画,他们还在石头上进行雕刻。

❖ 在挪威发现的石头绘画,这些线条似乎代表着动物,可能是狩猎的场景。

在丹麦发现的一个瓮棺残存部分

耕种

农业的兴起和早期农耕活动是新石器时代的典型特点,其起源可以追溯到前4000年,并随之延续了两千年。人们普遍认为,新的生产方式是由欧洲大陆移民从南方引进的,尽管规模应该不是很大。

铁器时代

　　以铁为主，青铜为辅，或者完全用铁代替青铜锻造更为多样化的工具和武器，意味着生产方式的巨大改变。总体而言，铁器时代涉及一系列特殊的发展，这取决于外部影响以及地区的特殊性。社会的方方面面都有自己的独特之处，特别是在宗教信仰和仪式上。铁的使用还恰逢等级社会的出现，贵族阶层和战士精英从中脱颖而出。◆

维京剑，出土于挪威的一个墓葬

武器

　　冶铁是维京世界自始就有的独特活动。一个与其他部落进行广泛商业往来的社会导致了战士阶层的形成，他们拥有充足的优质铁器，特别是各种尺寸的长矛和剑。这些武器中，有许多是在沼泽和贵族墓葬内发现的。

图伦男子

　　欧洲铁器时代早期处于前 5 世纪至前 1 世纪，农业是当时的主要经济支柱产业。这一时期的特点是，在祭祀仪式前将动物和人的尸体扔进沼泽，举行献祭。献上这些祭品是为了赢得众神的喜爱和眷顾，祈求丰收或者战争胜利。

精美装饰 维京剑的精美装饰是贯穿整个维京文化的特点之一。青铜镶嵌的剑柄十分常见，有的甚至还嵌有彩石。

❖ 图伦男子的遗骨，在丹麦的锡尔克堡博物馆展出。他被绞死后扔进了一片沼泽地。

珠宝 沼泽祭祀仪式上还会将珠宝、武器和各类生活器皿作为祭品投入沼泽。右图是在沼泽地发现的蛇形胸针。

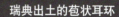

瑞典出土的苞状耳环

祭司

5世纪至6世纪,维京社会的贸易往来大幅增加,这反过来又极大地推动了手工艺生产。在瑞典发现了许多遥远地区的物品就是有力证明。这些物品包括金币、个人饰品(如苞状耳环),甚至还有小型佛像。

❖ 来自印度的佛像,出土于瑞典赫尔戈。由青铜制成,高约9厘米。

胸针 芬德尔贵族墓中出土的物品包括项链、手镯和胸针。上图是镶有青铜和彩石的精美胸针。

芬德尔时期

指维京人入侵前铁器时代的最后一个阶段,处于7世纪至8世纪之间。得名于瑞典的芬德尔地区,那里发现了大量物品,种类繁多。该遗址由众多墓葬组成,出土的文物展示了一个不断征战、强大繁荣的王朝及其贵族的真实生活。实际上,墓葬中还出土了剑、头盔和盔甲。

❖ 铁头盔,出土于芬德尔时期的一个墓葬。头盔具有芬德尔时期的典型设计风格,该设计充分保护了眼睛,并带有抽象和人形纹样的装饰。

维京人侵

维京时代被认为始于8世纪末，维京人首次在基督教教化的欧洲大陆亮相。尽管维京人的发展可以追溯到此前好几个世纪，而接下来的三百年间，他们无数次入侵欧洲大陆，增进了文化交流，并吸收了其他文化的很多习俗。维京是一个等级森严的社会，保留着封建阶级的贵族阶层，并热衷于征战和海上探险。因此，在其最宝贵的艺术作品中，灵巧挥舞的各类利剑最为常见。◆

青铜吊坠，饰有侍奉奥丁的祭司形象。虽为女性使用的饰物，但男性也喜欢佩戴。

林迪斯法恩修道院的废墟

第一次袭击

从历史上看，维京时代始于793年，一支挪威舰队袭击了英格兰东海岸的林迪斯法恩修道院。袭击突然而至，毫无防卫的修道院被彻底夷为平地。自那时起，维京人便开始不断侵扰英国法国和德国，建立了许多新的定居点。

在神话与传说之间

维京人对生命的想象孕育出许多关于世界起源和终结的神话故事，也创作了大量英雄传说，其中，最著名的就是铁匠伏尔隆德（Volund）的传说。伏尔隆德被一个腐败的国王俘虏后沦为囚犯，并被迫为他工作。伏尔隆德随后奋起反抗，杀死了狱卒的儿子，变成了一只鸟，逃之夭夭。

◆ 在瑞典哥得兰岛发现的北欧维京人墓碑，墓碑上讲述了伏尔隆德被俘以及之后逃亡的故事。

钱币

维京人的大规模迁徙以及他们与欧洲人之间的接触往来都清楚地体现在各种艺术品上。其中，航海对此起着独一无二的作用。木雕、装饰的石头和钱币的图案都反映了航海这一主题。

◆ 两枚维京硬币，发掘于瑞典，带有航海图案。

国王

斯堪的纳维亚社会等级极其森严，9世纪左右形成了几个独立王国。国王处于权力之巅，少数几个封建贵族的骑士组成宫廷，效忠国王。

❖ 挪威国王奥拉夫·特里格瓦森(Olaf Tryggvason)之死，描绘在14世纪的一幅细密画上。

航海

船在维京社会和文化中占有特殊地位。实际上，贵族成员死后都会葬在自己的船中，或葬在一般航行于内陆河流或沿海的小船旁边。

❖ 维京舰队，19世纪插画。

袭击成效 维京海盗的第一次袭击成效绝对是惊人的。二者之间的力量差距极为悬殊：一方面是经验丰富的战士，另一方面是面对入侵无能为力的修道院僧侣。修道院被洗劫一空，彻底破坏，所有僧侣也都惨遭不幸。

维京人的剑、矛头和马镫

冶金

维京人的冶金生产范围广泛，品质卓越。他们特别擅长锻造双刃剑，木制剑柄上还会在预留的镶孔内装饰精美的青铜。他们还在其上雕刻几何图形和动物图案。维京人制造的铁制矛头和小型战刀都极其锋利。

墓葬 基督徒的墓葬与维京人墓葬没有任何共同之处。但是，随着欧洲基督教在世界范围内的扩张，维京人的世界也受到了影响，三个世纪后，他们完全被基督教化了。

维京船

　　在维京社会，船舶扮演着各种各样的角色，无论何种情况，都是维京社会极为重要的存在。因此，一方面，它们是沿海和内陆水道的交通运输工具，是维京人海外探险和对外侵略的根据地，维京人凭借船只，通过贸易或战争手段发现不同的社会和文化并与其接触、交流。另一方面，船只在葬礼上也起着重要作用，这一点从考古发现的王公贵族船葬得到了证实。◆

"科克斯塔德号"复原图

战士和商人

　　维京人在 8 世纪和 9 世纪掌控着欧洲西北部的海道和河运交通，从事实用物品和奢侈品的贸易活动。丹麦维京人和挪威维京人向西扩张，而瑞典人（又称瓦良格人）则向东发展。

■ 瓦良格人的路线　　■ 丹麦维京人和挪威维京人

种类繁多

　　总的来说，维京船分为两种基本类型 战船"龙头船"和货船"诺尔船"。1957 年，丹麦罗斯基勒峡湾海底发现了一支北欧维京舰队。这为种类繁多的维京船家族扩充了更多的成员，特别是货船、渡轮和渔船。其中，最经典的"龙头船"可以追溯到 900 年左右。

船桨　共有16 对船桨，固定在从龙骨算起的第14 根木枋上。扬帆起航时，维京人会将船桨以"T"字形收在船架上。

搭接结构

　　"科克斯塔德号"的船体框架由16 块木板相契、搭接、固定而成，维京人称之为搭接结构。

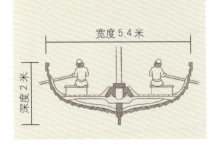

宽度5.4 米

深度2 米

船首装饰　维京的能工巧匠用木头雕刻了龙和蛇混合而成的一种神兽装饰船首。

龙骨　龙骨由一根超过 25 米的橡木整木制成，船舶结实牢固，船身吃水浅，甚至可以在 1 米深的水域航行。

船体　底部的木枋只有 2.6 厘米厚。而第 10 根木枋正好浮在水面上，因此必须最坚固、最厚实（厚度为 4.3 厘米）。

船舵 被放置在船尾右舷,并用皮带固定在舷缘上。随着时间的推移,舵叶也变得越来越宽。

船帆 只有一个方形帆,两边各长 10 米,无法确定其材质是亚麻还是羊毛。维京人甚至仅靠扬起四分之一船帆就可以航行。

木材的准备

造船时,船匠会选择最好的木材,如橡木或松木。制作木枋时不用锯子,而是用斧头、凿子和螺旋钻。

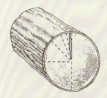

松树原木只能取得两块木枋。将原木分成两半,然后将弯曲部分打磨平滑。

将橡木纵向一分为二然后再一分为二,依此类推,直到获得 32 块木板。

载重 战船"龙头船"载重很小。而货船"诺尔船"载重较大,甚至可以在甲板上装载牲畜。

维京船的前身

斯堪的纳维亚海岸的捕鱼活动促进了造船业的发展。得益于诸多考古发现,如船只的遗骸、平滑石面上的绘画和浮雕,我们可以看到维京船的演变过程。

约特斯普林小舟,前 350 年左右。

尼达姆船,350 年左右。

新石器时代独木舟,前 3500 年左右。

哈尔森诺伊小舟,100 年左右。

克瓦尔松船,700 年左右。

探险家

　　维京人与海洋密不可分，他们在很早以前就对旅行和探险产生了兴趣。为了与其他地区交换商品或直接武力征服，维京人的远征军到达了最广阔的疆域。向东，他们抵达了当今俄罗斯的边境，针对欧洲大陆腹地，他们入侵了英吉利海峡的河岸并抵达巴黎，在那里烧杀抢掠。但是，毫无疑问，他们最伟大的探险成就之一是向西的探索。他们在美洲的纽芬兰岛上建立了第一个欧洲人定居点。◆

手中持剑的红发埃里克，版画

维京人的早期入侵

　　维京人多次肆虐欧洲大陆，尤其是海岸地区。最初的袭击主要集中在英吉利海峡两岸。鲁昂被洗劫数次。而在 845 年，巴黎也在劫难逃，遭受了维京人的袭击。

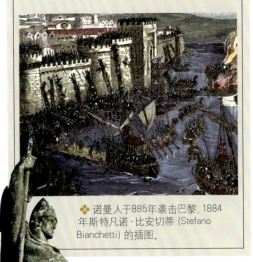

　　❖ 诺曼人于885年袭击巴黎，1884 年斯特凡诺·比安切蒂 (Stefano Bianchetti) 的插图。

红发埃里克

　　维京海盗、商人和探险家。981 年，因在一场战斗中杀死两人被逐出冰岛。被流放后，他沿着格陵兰岛西海岸航行探索，之后返回故土，说服许多人前往新大陆定居。985 年，由 25 艘船组成的远征队起航，最终只有 14 艘船抵达目的地。

　　❖ 红发埃里克在格陵兰建立了两个定居点，这是其中之一的全景，埃里克将这里命名为"绿色的土地"。

因格尔弗·阿尔纳森 (Ingolfur Arnarson) 的雕像

第一位定居者

　　传说，阿尔纳森是冰岛的第一个北欧定居者，于 874 年到达冰岛。相传，当阿尔纳森即将抵达陌生的陆地时，他下令将船的主要桅杆拆除并扔进海里，准备就在桅杆到达的地方上岸。雷克雅未克由此诞生。

向东眺望

　　862 年，在留里克 (830—879) 的带领下，来自斯堪的纳维亚地区（如今的瑞典和丹麦）的一队瓦良格人探索了俄罗斯和芬兰之间的拉多加湖地区。他们在诺夫哥罗德建立了霍姆加德定居点。

　　❖ 留里克的插图，其名意指"著名首领"。

哈尔格林姆斯教堂前的莱夫·埃里克森雕像

开拓先锋

　　莱夫·埃里克森 (970—1020) 是冰岛人,也是红发埃里克的二儿子,他是最著名的维京探险家。因为对知名商人比雅尼·何尔约夫森口中的奇妙冒险故事深深着迷,他在北美的一小片土地上建立了殖民地,这比西班牙人抵达美洲要早五个世纪。陪伴莱夫一起探险的还有他的兄弟托尔瓦德,尽管他是第一个接触美洲印第安人的欧洲人,但最终不幸死于与后者的冲突之中。

传说 莱夫前往挪威,被国王奥拉夫一世 (Olav I) 任命为护卫。在皈依基督教之后,国王让他返回故土,并让当地人民也信奉基督教,可他却在路上迷失了方向,误打误撞来到了北美。

第一个定居点

　　莱夫·埃里克森在纽芬兰岛北端的兰塞奥兹牧草地建立了定居点。然而,定居时间并没有持续太久,仅在几十年后,定居点就被彻底放弃。当地土著人的不断侵扰似乎是结束这个定居点的决定性因素。

❖ 美洲大陆上第一个定居点的废墟。时间比哥伦布 (Colón) 抵达美洲还要早大约600年。

维京人的住房

维京人的大部分日常生活都发生在房屋的狭小空间内。当男人在田野和农场劳作或者打猎、捕鱼时，女人就会在家做饭、缝补衣服和制作器物，还会在家储存食物和饮水。织布机和大锅是房屋的必备物品，房屋用厚厚的木材建造，为维京人抵御斯堪的纳维亚冬季的严寒。◆

织布机　靠墙摆放着一张最大的织布机，可以用它织出厚重的羊毛服装。织布机的下面挂着收紧经线的石头。小一点的织布机可以挪动。

劳作　维京人在屋外做手工。他们处理木材游刃有余，制作雕刻品和打造木桶更是不在话下。

火炉　位于房屋的中央，是唯一的光源和热源。此外，维京人在火炉上做饭，所以，火炉旁总是摆放着大小不一的锅和水罐。

床　维京人睡在房中两侧用木材搭建的台子上。他们会在木台上铺上厚实的皮毛，增加舒适度，抵御严寒。

墙 用厚厚的圆木水平堆砌而成,拐角处则用木头拼接。在墙顶处开出小小的三角窗。

厕所 维京人把厕所建在屋外的一侧,基本就是住房的缩小版。另一侧则堆放烧火用的木柴。

屋顶 由细树干搭成屋架,再用稻草和树枝铺盖而成。

食物 为了节省空间,维京人会把食物晒干后悬挂起来。同时,为了更好地保存食物,他们还会将其存储在大缸里,饮料则存储在大罐内。

宝箱 每个房屋内都有一个带锁的箱子,存放着家里最值钱的物品。

游戏 小孩子的日常生活就是教育和游戏。孩童最喜欢拿着小木剑玩耍。

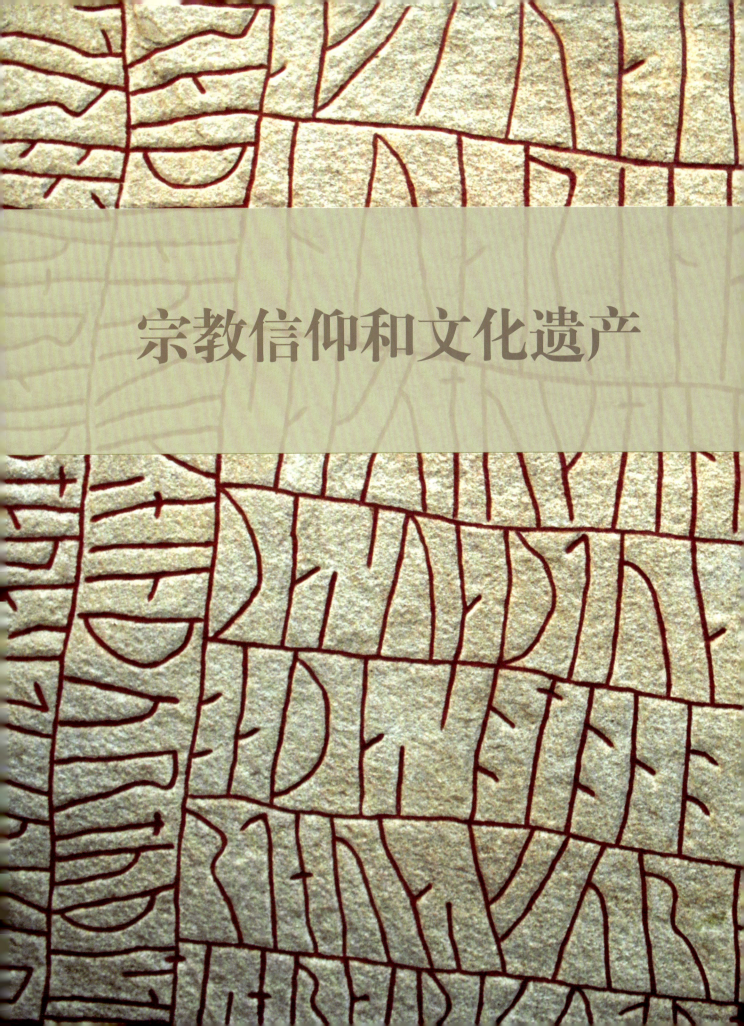

宗教信仰和文化遗产

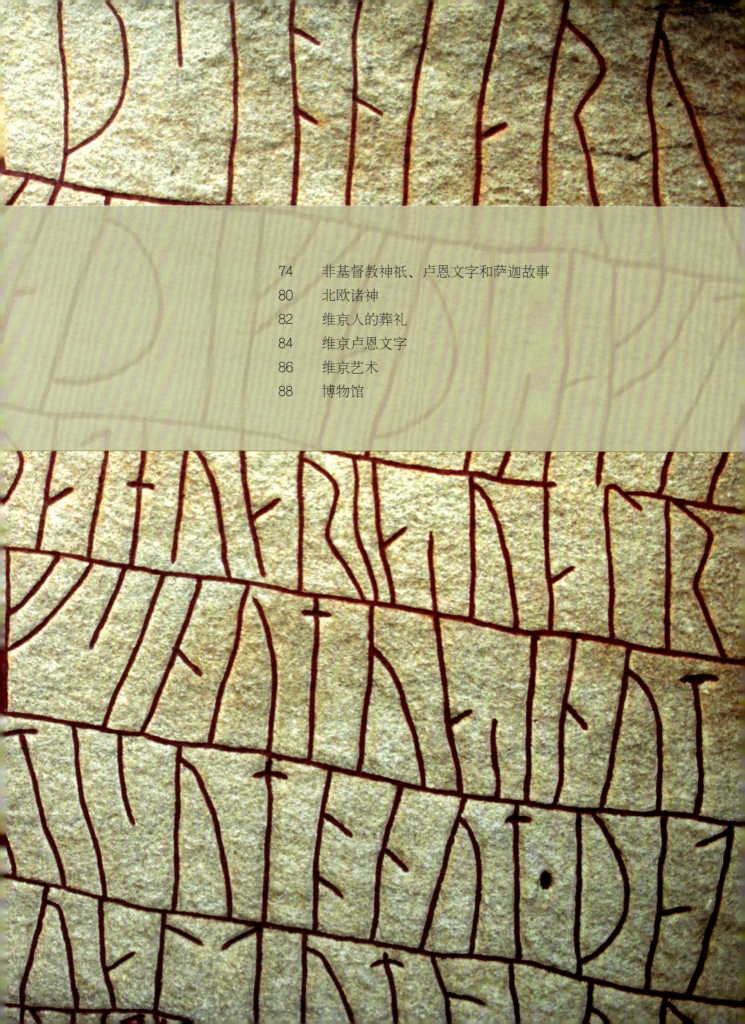

非基督教神祇、
卢恩文字和萨迦故事

维京人的万神殿构成了欧洲非基督教文化最丰富的宗教神话体系之一。奥丁、雷神和弗雷是维京诸神中的三位主神，其他神灵都臣服于他们。

奥丁是众神之王，是战神，这也意味着他是战士的保护神。战士牺牲以后，他们的灵魂也会组建为奥丁的军队，在末世与混沌之力决一死战。

奥丁是阿萨神王包尔（Bor）和女巨人贝斯特拉（Bestla）的儿子，也是智慧、魔法、诗歌、预言、胜利和狩猎之神。

奥丁住在阿斯加德，在那里，他建造了一座宫殿，他坐在宝座上观察宇宙的万事万物。

奥丁总是被描绘成一位强大的神明，手持冈格尼尔长枪，随时准备战斗。他身边还栖息着两只乌鸦"福金"和"雾尼"，分别象征着思想和记忆。所以，奥丁也是智慧之神。除乌鸦以外，奥丁还拥有一匹八足天马"斯莱普尼尔"和一群侍从"瓦尔基里"（女武神）。瓦尔基里奉命收集那些在战斗中牺牲的最勇敢战士的灵魂。奥丁在战士的天堂"瓦尔哈拉"（英灵殿）为他们保留了位置。战士们将坐在奥丁的身边，出席为他们举行的盛大宴会，之后，他们将重返战场，不过，这次要进行的是最后的决战。在北欧人非基督教的传说中，奥丁本人将死于这场末日战争，但他的一个儿子维达尔（Vidar）将替他复仇，并和他的军队赢得最终的胜利。奥丁的妻子是弗丽嘉（Frigg），被众人视为妻子的典范，因此，是维京女性效仿的唯一榜样。

在奥丁之后，维京人最具代表性的神是雷神托尔，他也是奥丁的儿子。

雷神是农民最喜爱的神灵，因为他掌管着影响农业的诸多力量。他司掌大风暴和雨水，这些自然现象又会影响维京人的收成。他豪迈、莽撞，容易激动，是纯净和自由的力量之神，所以毫不奇怪，为何雷神的形象总是手持雷神之锤，并挥舞铁锤冒冒失失地发出闪电。通常，托尔会用铁锤锤打人类的敌人，例如巨人，这是一种巨大而可怕的生灵。从这个角度来看，尽管托尔的外表举止粗暴易怒，但他却是一位真正的仁慈保护神。他的妻子希芙（Sif）陪伴着他。

◆ **反差** 这只在瑞典发现的吊坠表现出维京艺术家的细腻，正与他们特有的勇士精神形成了鲜明对比。

❖ **卢恩文字**　是维京人的书面文字，令人惊艳，并为研究其历史和文化做出了独一无二的贡献。

第三重要的神是弗雷，他是丰饶和自然之神，与他的妹妹芙蕾雅（Freya）共同掌管所有生灵。

其他神祇

维京神话体系里还有正义之神提尔（Tyr）、海神和渔民的保护神尼奥尔德（Njord）、光明之神海姆达尔（Heimdall）和爱神芙蕾雅。

洛基是一位特别重要的神祇，他多变的性格引发了不断的误解和问题。他狡猾、诡诈，却又活泼、开朗，个性忠诚，却又爱搞恶作剧。最终，他引起了

一位神祇的悲惨命运

❖❖❖

洛基（Loki）是北欧神话体系里极为重要的神祇之一，但是他没有信徒，也没有专门供奉他的神殿。相反，因为他总给斯堪的纳维亚其他神明造成各种麻烦，所以，他被放在了一个尴尬的位置。流传最广的传说认为，洛基是巨人族法布提（Farbauti）和劳菲（Laufey）的儿子，尽管他不属于神族，但他敢与众神往来。可能是他的玩笑和恶作剧激怒了众神，所以他被铁链永远捆绑在3块岩石上。洛基试图变成鲑鱼逃脱束缚，可还是被捕入网中，继续服刑。为了以防万一，众神在洛基的头上放了一条蛇，让它的毒液滴在他身上，这位邪神的妻子西格恩（Sigyn）就用杯子收集毒液。每当杯子的毒液快要溢出来时，她必须倒掉毒液，离开洛基片刻，就是在这片刻之间，洛基脸上会粘上毒药，痛得全身扭动。

众神之战。巨狼芬里尔（Fenris）是他的一个儿子，虽然最初是众神的宠物，但它最终变成了一只凶残的猛兽，没有一条锁链能束缚住它。

耶梦加得（Jormugandr）也是洛基的儿子，这条巨蛇是雷神托尔的宿敌。在维京神话里，争夺世界的末世之战时，托尔最终战胜了巨蛇，可是巨蛇吐出的毒雾裹住了托尔，与其同归于尽。

维京艺术

基本上，维京艺术注重装饰，而根据其装饰的特点，通常分为6种风格各异的流派：奥塞贝格派、博勒派、耶林派、马门派、灵厄里克派和乌尔内斯派。总的来说，这6种风格是前后相继的，其独特之处在于，一种风格的盛行并不意味着放弃前一种风格，而是将其纳入新的流行元素。

手工艺方面，维京人是非凡的珠宝匠，维京人制作的戒指、手镯、胸针、项链和耳环等饰品精美绝伦。他们还精雕细琢马具、珠宝盒，以及一系列生活用品，比如，船上的风向标是用青铜镀金而成。他们还为富裕阶层制造金银器。

维京艺术的一个常见元素是蜿蜒曲折的图形，曲线错综复杂地交织在一起，而且完美对称。维京人通常使用批量生产方式制作金属装饰品，包括使用黏土模具。

❖ **头盔** 维京人作战时佩戴盾牌和头盔，它们通常由青铜或铁制成，装饰精美。

❖ **护身符**　纯青铜制造，维京人将其制成铁锤的样子，代表他们崇拜的伟大神明——雷神托尔。右图的护身符现在英国利物浦博物馆展出。

诸神之战

❖❖❖

北欧神话中，混沌的黑暗势力和仁慈的诸神将在"诸神的黄昏"（Ragnarok，意为"诸神的命运"）决一死战。伟大的奥丁和他的英灵战士，以及所有追随奥丁的神祇们，都会投身于这场末日之战。

而敌方，可怕的巨人族也倾巢而出，邪神洛基终于设法挣脱了永罚的锁链，加入与诸神为敌的阵营。

根据传说，这场决战惊天动地，神族、巨人和怪物陆续丧生，整个宇宙也被毁灭，"诸神的黄昏"成了描绘世界末日的伟大传说之一。热爱神话故事的理查德·瓦格纳（Richard Wagner）以此创作出歌剧《诸神的黄昏》也就不足为奇了。

主神奥丁在这场决战中命丧黄泉，被巨狼芬里尔杀死；而洛基也没有幸免。

除了珠宝，维京人制作玻璃、彩色宝石和琥珀的串珠同样技艺超群。琥珀是从波罗的海地区收集而来。

梳子是最受维京人青睐的另一种手工艺品，梳子总是制作精致、华丽。从考古中发现的大量梳子残片可以推测，梳子是所有社会阶层的常用物品。

梳子以驼鹿角为原料，有的饰有青铜、金和银。最精美的梳子都是在豪华墓葬中发掘出来的。

木雕是维京人的另一项伟大艺术，尽管自然属性大相径庭，但维京的木雕艺术与其金属工艺一样，喜好繁复、曲折的图形和线条。

维京木雕在维京船上的运用更是登峰造极，船首和船尾布满了密密麻麻的雕刻。他们还雕琢人像和蛇首作为船首。

在木制大锅和容器上，以及马车和雪橇上进行雕刻也十分常见，这些雕刻有时用来记录重要事件，如军事战役。维京人还雕刻鹿角和骨头。

维京人的创作不受材料限制，无论金属、木材还是皮革，都从某种程度上体现了维京人在装饰艺术上的造诣。另一方面，维京人使用石材进行装饰相对较晚。

❖ **风向标**　维京人热爱海洋，是航海专家，他们用铁和青铜制作风向标（如右图），用于测量风向和风力大小。

❖ **魔力**　维京卢恩石碑被赋予
了超自然的力量。因此，维京人经
常向石碑祈愿神灵。

卢恩文字

　　卢恩文字是北欧文化的象征，构
成了古代斯堪的纳维亚人的书写体系。
从形式上看，卢恩文字不仅是字母文字
和符号，也是宗教符咒和象征。因此，
卢恩文字石碑既可以方便古代斯堪的纳

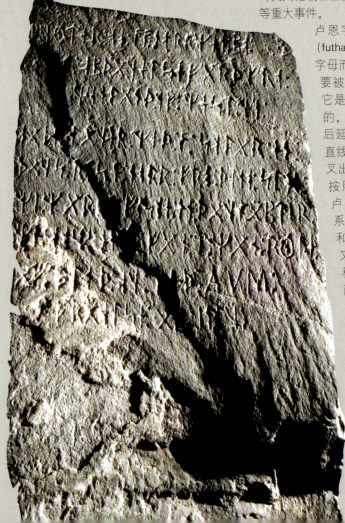

维亚人交流和记录他们想留给他人的内
容，还是其祭拜和朝圣的地方。
　　对后者（宗教方面）来说，卢恩
文字还附有神奇的魔力。
　　古代斯堪的纳维亚人将卢恩文字
刻在他们发现或打凿的竖石上。有些竖
石碑文记录的只是行政事务，还有一些
碑文则记载着王位传承和各种军事冲突
等重大事件。
　　卢恩字母叫作"弗萨克"
（futhark），因其最初的6个
字母而得名。由于卢恩字母
要被镌刻在石头上，所以
它是由简单直线组合而成
的。通常是一笔直线，然
后延伸出另一条或者几条
直线，就像树枝从树干分
叉出来一样。毫无疑问，
按照这些笔画的长短，
卢恩字母分为两种体
系："长枝"卢恩字母
和"短枝"卢恩字母，
又分别称为丹麦卢恩文
和瑞典－挪威卢恩文。
两种体系大写字母之
间没有区别，不过都
缺少代表元音O和E的
字母。
　　"卢恩"一词来
自斯堪的纳维亚语的
语音Rûn和Helrûn，分

别表示"秘密"和"占卜"。因此，了
解它们也就意味着破解秘密。
　　每一个卢恩字母都有一个含义，
也是魔法或者巫术中的一段咒语，而且
有多层含义。

萨迦故事

　　如果说，古代斯堪的纳维亚人通
过卢恩文字记录自己的历史，那么，萨
迦故事就是真实的"报告"，讲述了维
京时代早期的历史。尽管矛盾的是，这
些传奇故事竟然创作于13世纪，也就是
在维京时代结束两个世纪之后。
　　萨迦故事基本分为两类："国王
萨迦"和"冰岛人萨迦"。
　　诸王的萨迦故事从神话宫廷开始
讲述，到挪威第一位国王生平时戛然而
止。接着，又详细记载了各代王朝的王
族故事。
　　另一方面，冰岛人的萨迦故事则
讲述了870年至930年冰岛首批殖民者的
经历。多亏了这些传奇故事，我们才发
现了当时冰岛的探索和殖民进程中其他
可能的史实，以及隐含的问题。
　　"史诗"是斯堪的纳维亚的又一
份非凡遗产。维京人在公共场合朗诵并
口头传播这些史诗。已知最久远的史诗
可以追溯到12世纪，也就是维京时代结
束后，其中许多史诗故事是创作萨迦的
题材。

建造城市

虽然与其他文化相比，维京人建造城市的方法没有明显的进步，但维京人还是建造了许多布局严谨的城堡。实际上，城堡里分别排列了许多木头建造的房屋。每个家庭住一座房屋。房屋旁边还建有多种用途的茅屋，例如，金银器作坊和存放多余食物、鱼类和谷物的仓库。

斯堪的纳维亚的早期城市人口相对密集，位于某些贸易路线上。因此，这些新城市的居民自然而然地以从事商业贸易为主。后来，随着农业和商业的大规模发展，城市规模不断扩大，分布也越来越广，甚至不再局限于海外贸易地区。久而久之，沿海地区的居民开始建造小型港口，许多船只停靠在那里装卸货物。据考古发现推测，有些城市人口达到了约1 500人，例如，日德兰半岛地区的一些商业中心。

❖ **废墟**　维京人建造城市选用一种独特的材料——木材。上图，设得兰群岛的贾尔绍夫定居点。

北欧诸神

北欧诸神是斯堪的纳维亚一系列宗教信仰和传说的主角，但是这些神祇并不代表真理本身，亦不会永生不灭。他们分为两大阵营，其中最重要的是以主神奥丁为首的阿西尔部落或阿萨神族，除了至高神奥丁，他的一个儿子雷神托尔也举足轻重。众神住在专为他们建造的神域阿斯加德。另一大阵营里有古老神族华纳神族，这些神灵也被当地崇拜、信仰。此外，还有很多伟大的神灵，例如，女武神"瓦尔基里"，她们收集在战斗中阵亡的最勇敢战士的灵魂，并将他们带到奥丁身边。◆

奥丁坐在王位上休息

弗雷

弗雷是海洋之神尼奥尔德之子，美神芙蕾雅的哥哥，司掌雨水和初升的太阳，是丰饶之神，他还帮助植物生长。他不属于北欧诸神之列，而是华纳神族。他的宝物胜利之剑举世无双，无论谁持有这把宝剑，剑都会遵从持剑者的意愿，独自在战场上杀戮敌人。弗雷拥有一只金黄色鬃毛的野猪，可以快速拉动车辆；他还有一匹宝马，可以穿越一切障碍。他的妻子葛德（Gerd）是一位女巨人，是生育和性爱女神。她为丈夫弗雷生了一个儿子，这个儿子继承了瑞典王位。

❖ 与性欲、情事有关的生育之神形象。

❖ 传说葛德拒绝了弗雷的求婚，弗雷深爱葛德，便派信使威胁这位少女要冰封大地，葛德担心悲剧发生，于是答应了婚事。上图，刻画着弗雷和葛德的萨迦故事。

伟大的奥丁

奥丁是战争、智慧、诗歌、音乐之神，也掌管战死的英灵，是维京神话体系中最重要的神明。根据传说，他住在白银之厅，在那里聆听人类的声音。奥丁是阿萨神王包尔和女巨人贝斯特拉的儿子，他与掌管爱情、生育和婚姻的女神弗丽嘉孕育了很多神祇，其中，雷神托尔、巴德尔（Balder）、维达尔和瓦利（Váli）声名最为显赫。作为至高神，他有女武神"瓦尔基里"辅佐，女武神会挑选在战斗中阵亡的最勇敢战士的灵魂，并将他们带到奥丁身边，奥丁召集他们，同他一起与混沌之力决战。

守卫者 奥丁王庭的众多成员中有两只凶猛的狼，分别是代表贪欲的基利（Geri）和代表饥饿的库力奇（Freki）。传说奥丁用自己的食物投喂它们，因为奥丁只喝红酒和蜂蜜酒，不吃其他食物。

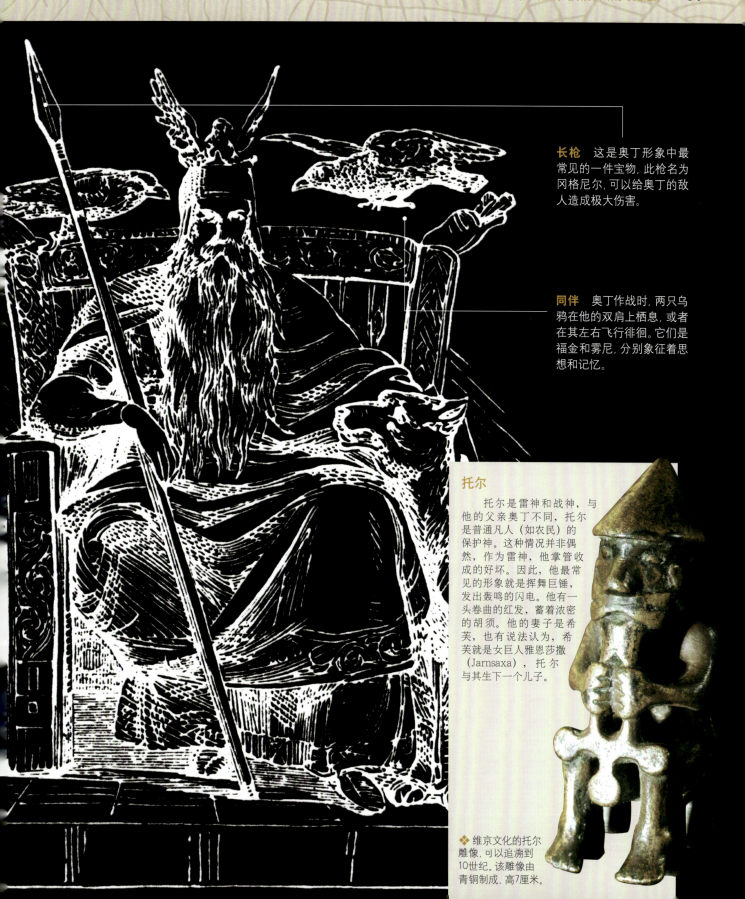

长枪 这是奥丁形象中最常见的一件宝物, 此枪名为冈格尼尔, 可以给奥丁的敌人造成极大伤害。

同伴 奥丁作战时, 两只乌鸦在他的双肩上栖息, 或者在其左右飞行徘徊。它们是福金和雾尼, 分别象征着思想和记忆。

托尔

托尔是雷神和战神, 与他的父亲奥丁不同, 托尔是普通凡人（如农民）的保护神。这种情况并非偶然, 作为雷神, 他掌管收成的好坏。因此, 他最常见的形象就是挥舞巨锤, 发出轰鸣的闪电。他有一头卷曲的红发, 蓄着浓密的胡须。他的妻子是希芙, 也有说法认为, 希芙就是女巨人雅恩莎撒（Jarnsaxa）, 托尔与其生下一个儿子。

❖ 维京文化的托尔雕像, 可以追溯到10世纪, 该雕像由青铜制成, 高7厘米。

维京人的葬礼

维京权贵阶层和伟大战士的葬礼别具一格。葬礼上，人们会将死者最重要的财物收集、安放在维京船里，甚至还会在相应的仪式上殉葬他的奴隶和马，然后与死者一起在海边火化。陪葬品有死者的武器和盾牌，还有充足的食物和饮料，供死者在离开人世、前往奥丁神域的旅途中消耗。◆

马匹 战士的马匹不得不承受与主人同样的命运，陪伴他前往奥丁的宫殿。葬礼后，马匹会被安葬在船棺的前面部分。

食物 船葬象征着死者漫长旅程的开始。亲属们会为死者的永久之旅准备丰富的食物和饮料，并将它们装在木桶里。鱼干、山羊奶和葡萄酒是为死者准备的部分食物。

样式 船葬规模不大，但是船首形制特别，上面通常精心雕刻着异教和仪式的各种图案与符号。

死者 被安放在皮毛毯上，旁边放着他最喜欢的剑、矛和头盔。

盾牌 战士下葬时还会陪葬各种盾牌，这些盾牌一般都有不同的装饰和样式。陪葬品中还有大量剑、刀、斧子和长矛。

女仆 死者的女仆会被殉葬，并埋葬在主人身边。人殉的仪式在准备船葬时举行，女仆的尸体必须由村里的一位老妇擦洗、收殓，穿上特殊的服装。

维京卢恩文字

卢恩文字是斯堪的纳维亚民族使用的书写系统，起始年代早于维京人入侵时期，并一直持续到近代早期。卢恩文字镌刻在石头和原木上，以简单的标记符号系统为基础，还有丧葬礼仪和法律文书的功用。正是由于卢恩文字，后人得以复原维京的历史事件，例如，王位的传承。之后，卢恩文字还被赋予了魔法、宗教仪式，甚至加密消息等功能，但是，从历史的角度看，这一说法都没有任何实证。除了卢恩文字，冰岛人的萨迦故事更是传承历史和传奇的最重要方式。◆

刻在石头上的卢恩字符

卢恩字母表

在维京时代，斯堪的纳维亚的卢恩字母有两种主要形式，分别是长枝字母和短枝字母，具体取决于铭文的大小。短枝卢恩文字更简单，并且适用于编写非宗教礼仪的内容，例如，表明所有权的时候。总体来说，这种卢恩字母叫做"弗萨克"，因其最初的六个字母而得名。卢恩文字是一种简单的字母书写代码，它出现在维京人之前更久远的时代，甚至在基督教和罗马文字出现后相当长一段时间内一直存在。

巴里西部落

瑞典东约特兰省的洛克石碑是维京人最古老的卢恩文字石碑之一。石碑上的符文是所有已知文献中最长的铭文，以至于整块石碑上几乎没有空白之处。雕刻的卢恩文字类型正是所谓的"短枝"卢恩文（瑞典－挪威卢恩文），由瓦兰（Varin）撰写，以纪念他死去的儿子瓦蒙德（Vaemond）。文中提到了当地的歌曲和传奇故事。

冰岛人萨迦

尽管"萨迦"一词意为"历史"，但它应该理解为一系列虚构事件和人物的故事。这些故事一般由匿名作者撰写，在维京时代结束后广为流传，特别是在13世纪和14世纪。作为一种文化载体，萨迦故事成了一种知识来源，对了解、研究斯堪的纳维亚半岛（尤其是冰岛）的传奇和民间传说极为重要。

◆13世纪左右的冰岛手稿，讲述了早期殖民者的故事。

◆瑞典东约特兰省的洛克石碑图片。

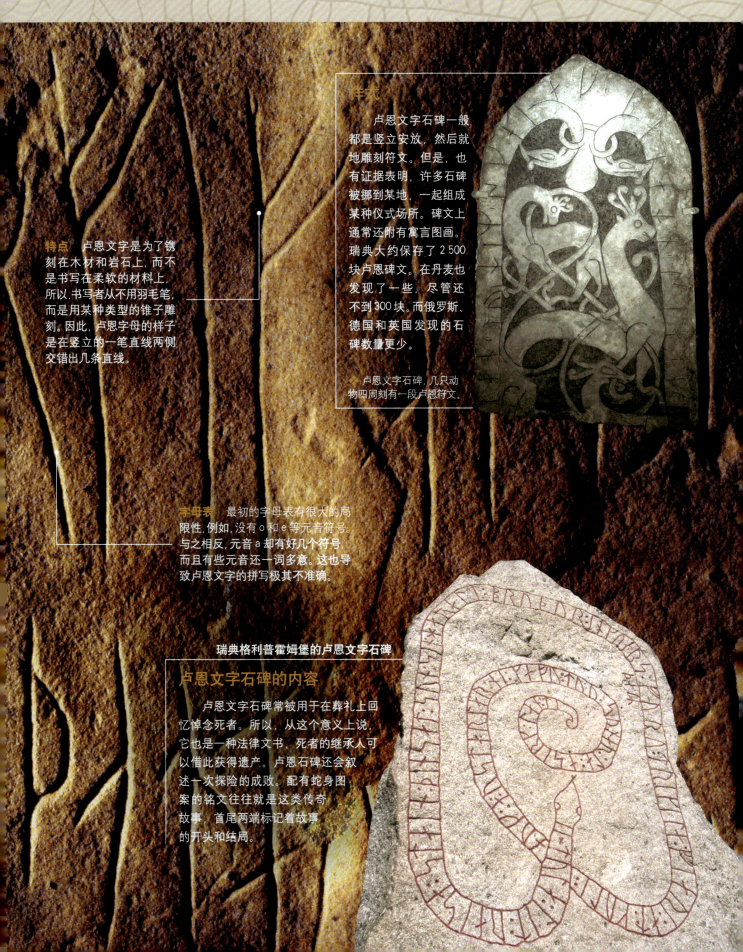

形式 卢恩文字石碑一般都是竖立安放，然后就地雕刻符文。但是，也有证据表明，许多石碑被挪到某地，一起组成某种仪式场所。碑文上通常还附有寓言图画。瑞典大约保存了 2 500 块卢恩碑文。在丹麦也发现了一些，尽管还不到 300 块。而俄罗斯、德国和英国发现的石碑数量更少。

卢恩文字石碑，几只动物四周刻有一段卢恩符文。

特点 卢恩文字是为了镌刻在木材和岩石上，而不是书写在柔软的材料上，所以，书写者从不用羽毛笔，而是用某种类型的锥子雕刻。因此，卢恩字母的样子是在竖立的一笔直线两侧交错出几条直线。

字母表 最初的字母表有很大的局限性，例如，没有 o 和 e 等元音符号。与之相反，元音 a 却有好几个符号，而且有些元音还一词多意，这也导致卢恩文字的拼写极其不准确。

瑞典格利普霍姆堡的卢恩文字石碑

卢恩文字石碑的内容

卢恩文字石碑常被用于在葬礼上回忆悼念死者。所以，从这个意义上说，它也是一种法律文书，死者的继承人可以借此获得遗产。卢恩石碑还会叙述一次探险的成败。配有蛇身图案的铭文往往就是这类传奇故事，首尾两端标记着故事的开头和结局。

维京艺术

　　维京人的艺术品本质上注重装饰，造型图案以动物形态为主，并具有自己独特的风格。植物纹样和带状纹独树一帜，一般交错排列。最珍贵的维京艺术品主要是服装配饰和珠宝首饰，基本由青铜、黄金和白银制成。铁制兵器的锻造给维京人发挥其艺术才华提供了空间，剑柄上繁复的图案、昂贵的盾牌和胸甲上的凹凸纹饰，无一不是他们的杰作。木雕是维京艺术大放异彩的另一种工艺形式。◆

维京人还擅长制作项链和吊坠，一般用青铜、金珠和银珠串联而成，上面缀有彩石和水晶（上图）。吊坠样式多种多样，尤其是交错的线条和环状的凸纹屡见不鲜。

人面银耳环

金属饰品

　　维京人会批量制作个人饰品，尤其是女性首饰，如耳环和胸针。为此，金匠们在工艺上使用黏土模具，多个模具具有相同的母版，而且，一个模具仅能制作一件成品，因为必须将模具打碎才能取出成品，之后再手工抛光。实现批量生产的另一种形式是将绘制好的纹样做成印模，烙印在金属薄片上，然后用金属花丝加工纹样，最终切割成所需形状。维京人的首饰工艺被公认为整个中世纪最华丽多彩、最具创意的手工艺品之一。

材料

　　黄金是最受统治阶级青睐的金属，特别是黄金的稀缺，更使其成为贵重物品。其实，维京人使用的黄金取材于东、西欧的金币和其他物品。银除了装饰铁制兵器，还用于制作胸针、吊坠和链子。

◆ 纽带纹样的金戒指。维京人融化了罗马硬币来制造金器。

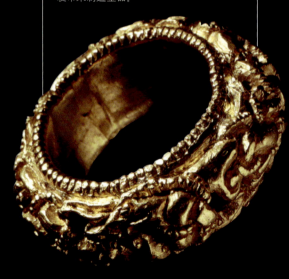

乐手形象的琥珀雕像

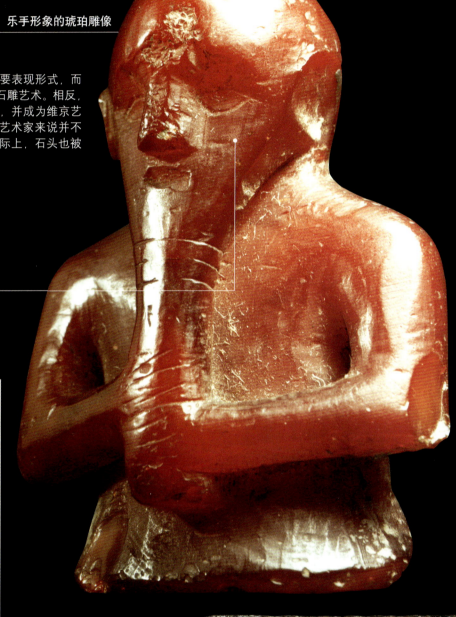

雕塑

  雕塑只是维京艺术发展进程中的次要表现形式，而且，直到维京时代后期才出现，特别是石雕艺术。相反，黏土模具的使用在金属工艺中非常普遍，并成为维京艺术的特色之一。所以，制造模具对维京艺术家来说并不陌生，虽然是为了服务于其他艺术。实际上，石头也被广泛用于装饰卢恩文字石碑。

建模 小型雕像建模是维京人的一技之长，这可能得益于其出色的珠宝工艺。

木雕

  维京人精通雕刻艺术。维京艺术家在这一领域出类拔萃。他们使用刀、錾子、凿子和锉刀，以及天然研磨剂对木材进行精细抛光。雕刻纹样都是装饰性的，以人物、动物和鸟类的图形为主，其中许多纹样极其繁杂，不同纹样叠加在一起。维京人可以在任何物件上饰以木雕，哪怕是船上的龙骨，或是一个水杯。

瑞典领洗池，12 世纪

风格问题

  维京作品中，最常见的艺术风格之一就是所谓的"耶林风格"，其特征是以 S 形复制纹样；而"乌尔内斯风格"中，一般会有纵横交错的蜻蜓曲线。通常来说，一种风格不会完全取代另一种风格，因此，几种风格的重叠十分常见。

❖ 木制领洗池雕刻着大量人物，装饰纹样完美对称。

博物馆

凯尔特文化和维京文化的考古发现被收藏在许多机构中，其中，以挪威、丹麦、瑞典、法国和英国的博物馆居多。这些考古发现，以及复原各类维京船只、建筑、宝贵的日常用品、手工艺和武器都具有非凡的意义。◆

在欧洲各大博物馆收藏的众多凯尔特人文物中，战场上使用的进攻性和防御性武器尤为引人注目，例如，这些装饰精美的青铜头盔都带有细长的"角"，是它们的显著特点。

丹麦国家博物馆的外墙

丹麦博物馆

由丹麦国王弗雷德里克二世（Federico II）于 1648 年创立，藏有大量凯尔特人和维京人的宝贵物品，比如，木雕、珠宝和武器。博物馆的稀世藏品中就有刚德斯特尔普大锅，还有许多从不同考古遗址内发掘出来的珍贵文物，例如，大量由青铜、银和金制成的手镯、项链和耳环。

❖ 刚德斯特尔普大锅的一面，饰有大量银浮雕花纹，人形和动物纹样尤为醒目。

卡迪夫国家博物馆

位于威尔士，收藏有古代凯尔特人生存时期、罗马征服时期，以及之后的基督教化等不同阶段的大量文物，是了解这些历史的重要博物馆之一。它于1927 年向公众开放。

❖ 凯尔特人的胸甲，卡迪夫国家博物馆展品。

爱尔兰国家博物馆

爱尔兰国家博物馆是爱尔兰最重要的博物馆。它在都柏林设有 3 个分馆，在梅奥郡设有一个分馆，专门展示爱尔兰的艺术、文化和历史，特别珍藏有凯尔特人铁器时代的珍贵文物。总体而言，博物馆藏品多达 200 万件，历史跨度从前 8 世纪直到中世纪时期。

❖ 博物馆保存着一艘凯尔特船只的原件模型。

❖ 博物馆最珍贵的藏品都是来自铁器时代和青铜器时代的文物。

罗弗敦维京博物馆

位于挪威罗弗敦群岛的博格是最重要的维京博物馆之一。在考古发现了迄今为止最大的维京建筑后，遗址被重建和装修，建立了该博物馆，以收藏维京文化的各种文物。

❖ 罗弗敦博物馆外景。馆内展出维京人在日常生活和战争中使用的文物和复制品。

丹麦维京海盗船博物馆

位于丹麦罗斯基勒，建于 1969 年，旨在保存 5 艘几乎完全重建的维京船。1997 年，博物馆扩建后占据了一个岛和一个港口，由此可以通过一条维京战船的完全复制品还原古代维京人的海上生活。

❖ 一艘古老维京船的残骸。在博物馆的建设过程中，共发现了 8 艘船，待修复后藏入博物馆。

奥斯陆维京海盗船博物馆

维京海盗船博物馆展示了迄今为止保存最完好的维京船。这些维京船出土于两个皇家陵墓，其历史可以追溯到 10 世纪和 11 世纪。它们在奥斯陆峡湾附近被发现，是其主人最后的安息之所。博物馆还展出在这些墓葬中发掘的其他文物，例如，各种织物、家用物品、小船、雪橇，甚至还有当时的马车。

❖ 奥斯陆维京海盗船博物馆的外观。

❖ 博物馆展出的一艘葬船。葬船"奥塞贝格号"上船首和船尾两侧雕刻精美，船首雕有一条盘绕的蛇。

纪年表

凯尔特人和维京人并不处于同一历史时期，但两个文明在地理分布上自西向东大面积重合，横跨欧洲中部大陆。有趣的是，尽管分处不同时期，两种文化均以自身璀璨的艺术成就闻名于世，特别是能工巧匠为其统治阶级制作的金、银器和珠宝都精美绝伦。纪念碑、武器、大锅、建筑遗址、船只、珠宝、墓葬和巨石上的铭文等，虽只是一小部分文化元素，却令世人得以复原基本覆盖了欧洲大部分历史阶段的凯尔特文明和维京文明。◆

凯尔特人

前 7500
第一批居民费尔伯格人抵达爱尔兰。费尔伯格人是一支以狩猎和捕鱼为生的游牧民族。

前 3700
新石器时代，早期农民出现。

前 1500
"土墩墓"文化发展时期。

前 1200
瓮棺文化发展时期，瓮棺文化以火葬闻名。

前 800 至前 700
冶铁术在西欧传播、扩散。哈尔施塔特文化发展时期。

前 500
哈尔施塔特文化传播到英国、西班牙、高卢、意大利北部、德国南部和西部，甚至黑海地区。

前 400
凯尔特部落穿越阿尔卑斯山并袭击意大利北部地区。

前 390
凯尔特人在阿里亚之战中击败了罗马人，洗劫了他们的首都。

前 368
凯尔特人作为锡拉库萨（叙拉古）军队的雇佣兵参战。

前 300
欧洲大陆上的凯尔特人发展了拉登文化。

前 289
罗马在原山南高卢人领土建立了赛尼加利亚殖民地。

前 279
东欧凯尔特人入侵希腊并洗劫了德尔菲。一支凯尔特部落越过黑海，定居在安纳托利亚半岛。

前 250
凯尔特人可能抵达爱尔兰。

❖ **钱币** 凯尔特钱币上有一匹马的图案和辛白林国王（Cimbelino）的印记。辛白林是英格兰的凯尔特人联盟领袖。

前 232
山南高卢人进攻阿里米努姆殖民地，但惨遭失败。

前 225
山南高卢人在特拉蒙被罗马人击败。

前 221
凯尔特国王塔戈斯（Tagos）在西班牙被哈斯德鲁巴（Asdrúbal）下令处死。

前 220
汉尼拔与西班牙的凯尔特部落开战。其他凯尔特部落则与之相反，在汉尼拔军队中携手作战，对抗他们共同的敌人——罗马人。

前 200
凯尔特部落在北面日耳曼人扩张和南面罗马人逼近的双重军事压力下艰难生存。

前 178
老提比略·格拉古（Tiberio Sempronio Graco）与凯尔特伊比利亚人签署了和平协议。

前 143
凯尔特伊比利亚人起义。

前 125 至前 121
纳尔邦高卢被征服。

前 113 至前 101
罗马人与凯尔特人各部落发生了许多激烈的冲突。

前 77
大多数西班牙的凯尔特人都与塞多留（Sertorio）联合起义。反叛范围甚至到达了山北高卢。

前 61 至前 60
朱利叶斯·凯撒进攻并打败了卡拉西亚人。

前 58 至前 51
朱利叶斯·凯撒发动高卢战争。前 56 年攻打威尼斯人。

前 47 至前 45
卡拉西亚人彻底投降。

前 35
伊利里亚爆发战争，此地居住着很多凯尔特部落。

600
凯尔特人的最后一次扩张：爱尔兰的苏格兰人入侵了加勒多尼亚，并将其更名为苏格兰。

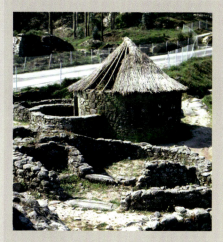

凯尔特人遗迹

考古遗址

　　凯尔特人主要遗址指的是他们的房屋建筑，房屋组成圆形的防御工事，被称之"奥必达"。房屋很小，彼此相邻，一般都是茅草屋顶，用石头、泥土和木头堆砌的墙。有些学者将这些定居点纳入临时庇护所的类别，但也有人指出，它们是定居点的前身。无论如何，与凯尔特人最可怕的邻居和竞争对手罗马人相比，后者居住在宏伟、豪华的宫殿，凯尔特人居住条件的落后、简陋显而易见。罗马文明对凯尔特人的影响也体现在建筑方面，随着时间的推移，凯尔特建筑也逐渐吸收了下水道和铺面地板等元素。左图，西班牙圣特克拉山上的凯尔特人遗址。

维京人

793
维京人第一次入侵欧洲，洗劫了英国林迪斯法恩修道院。两年后，维京人又劫掠了苏格兰和爱尔兰。

799
来自爱尔兰的挪威人第一次袭击了阿基坦大区。

810
丹麦国王戈德弗雷德（Godfred）率领200艘战船袭击弗里西亚（位于今天的荷兰）。

839
一支瑞典维京人抵达君士坦丁堡，他们被称为瓦良格人。

843
丹麦对加洛林帝国的第一次进攻。鲁昂大火和南特大屠杀。

844
维京人第一次袭击西班牙海岸，掠夺塞维利亚。

845
维京人第一次劫掠巴黎。

850
维京人在奥克尼群岛和设得兰群岛设立定居点。

867
约克被征服，成为维京在英格兰的中心。

872
金发王哈拉尔德统一挪威。

874
维京人殖民冰岛。

882
诺夫哥罗德和基辅统一为罗斯公国，这也是俄罗斯帝国的前身。

885
维京人围攻巴黎一年。

933
冰岛王国成立，冰岛是中世纪欧洲唯一没采用君主制的国家。

960
蓝牙王哈拉尔德受洗，并要求丹麦人改信基督教。

970
丹麦维京人占领圣地亚哥－德孔波斯特拉。

1000
冰岛议会下令皈依基督教。红发埃里克之子到达美洲大陆。

1013
丹麦国王八字胡斯韦恩（Sveind Barbapartida）征服英格兰，并加冕为王。

1014
爱尔兰国王布莱恩·博鲁（Brian Boru）在克朗塔夫战役中彻底击败维京人。

1042
英格兰最后一位维京国王哈德克努特（Harthknud）去世。

1066
哈拉尔·哈德拉达（Harald Hardrade）抵达英格兰并试图继承王位，但却在斯坦福桥战役中战败。

◆ **雕刻** 英国林迪斯法恩修道院遗址上的石块，雕刻有一队战士。

术语表

阿尔庭

冰岛国民议会。每年在辛格韦德利举行为期两周的会议。

阿斯加德

维京神话里的神宫，是北欧主神们的居住之所。

《埃达》

两部北欧古老文学作品的名称：诗体《埃达》（老埃达）讲述了古老神话故事和维京时代的英雄传奇；散文《埃达》（新埃达）是一本教授诗人创作的著作，由冰岛人斯诺里·斯图鲁松（Snorri Sturluson）于1220年左右撰写。

爱尔兰-北欧的

该术语用于形容9世纪以来北欧文化和爱尔兰文化元素的融合现象（Hibernia是爱尔兰的拉丁文名称）。

盎格鲁人

从丹麦日德兰半岛迁移而来的日耳曼人，5世纪与撒克逊人一同定居大不列颠。盎格鲁人的统治者在大不列颠占有明显优势，因而国家的名字和语言均出自盎格鲁人。

奥必达

前5世纪中叶，凯尔特文明发展的一个主要表现是建造被称为"奥必达"的设防寨堡。农业和畜牧业的生产保障了这些永久定居点的供给，采矿、钢铁冶金、手工艺和贸易的增长也促进了它们的发展。

巴巴尔

维京人抵达冰岛后给居住在那里的爱尔兰僧侣起的名字。

巴里西部落

一支凯尔特部落，法国首都巴黎因此得名。

苞状耳环

圆形耳环，一般由青铜、银或金制成，在贵族阶层特别流行。

宝箱

维京人可上锁的小木箱，每个家庭都用它存放家中最值钱的物品。

北部群岛

专指奥克尼群岛和设得兰群岛。

北欧语

维京时代北欧地区通用语言。在斯堪的纳维亚半岛，更多地称之为古北欧语，并最终取代了北欧语这个词。北欧语的两个分支分别是：冰岛使用的西部北欧语和丹麦和瑞典使用的东部北欧语，两者之间的差别很小。

别针

它是凯尔特人最喜爱的珠宝首饰，男女皆可使用。别针具有两个功能，一方面，它可以固定服饰；另一方面，它能够充当护身符。

彩绘石碑

专指5世纪至11世纪之间，在波罗的海哥得兰岛上竖立的墓碑。

达努神族

爱尔兰神话中，达努神族是爱尔兰的第五批居民，被认为是神灵的代表。该传说建立在《入侵之书》（Libro de las Invasiones）基础之上。在被基督教解读和诠释后，这些爱尔兰神祇被重新定义为国王和英雄。

大会

古北欧语，意思即为"大会"。

丹内维尔克（边塞墙）

边墙和堡垒组成的一系列防御工事，是在维京不同时期分别修筑的，旨在保护日德兰半岛，由此也构成了维京人丹麦王国的南部边界。

德鲁伊

不仅是主持宗教仪式的祭司，又因掌握森林中植物的药用功效成了凯尔特人的医生。他们博学多闻，是天文学家、哲学家、魔法师和先知。历史上真实的德鲁伊是凯尔特社会的关键人物，他们所掌握的力量和职能使其成为凯尔特社会的特权阶层。

定居点

古代北欧语中专指定居点。

"短枝"卢恩字母

维京时代在斯堪的纳维亚半岛使用的卢恩字母两种体系之一，有时又称为瑞典-挪威卢恩文或通用卢恩文。

法兰克人

日耳曼部落的一支，最初定居在莱茵河以东，3世纪后期向西迁移。法兰克王国占领了罗马高卢行省，并在481年至511年之间发展起来，但领土扩张最大的时期是在查理大帝（Carlomagno）统治期间，随后便以此命名法国。

法律发言人

斯堪的纳维亚地区议会主席或主持人的专属称谓。

芬德尔时期

指在维京人入侵之前，铁器时代的最后一个阶段，处于7世纪至8世纪。得名于瑞典的芬德尔定居点，在那里发现了大量重要墓葬。

弗里斯兰人

居住在莱茵河与易北河（弗里斯兰）之间沿海地区和岛屿上的部落统称。8世纪时，他们是有名的大商贩，因从事贸易活动获利颇丰，多次成为维京海盗袭击的对象。该地区最终被查理大帝征服。

弗萨克

卢恩字母的名称，因其最初的6个字母而得名。

刚德斯特尔普大锅

它是凯尔特人最著名的锅具，其历史可追溯到前2世纪。高42厘米，直径69厘米。它由13个银板组成，上面雕饰着凯尔特神话故事的纹样。根据当地的信仰，这些魔法锅具拥有强大的魔力，例如，可以填饱一千人的肚子，吃掉它烹饪的食物就能获得智慧，甚至可以让死者复活。

戈达尔

古代北欧术语，最初是指异教祭司。维京时代，这些祭司成为世俗的领袖，这个词可能暗指某一等级或阶级。

哈尔施塔特文化

因奥地利的哈尔施塔特墓葬群而得名，在那里，人们发现了数百座墓葬和大量物品。该地区盛产食盐，从而与邻近部落之间

的商业往来日益增多。经济发展也导致了王室统治阶级的出现。哈尔施塔特人最重要的信仰之一是对太阳的崇拜。

《哈拉卡》

犹太人必须遵循的一套规则和命令。

黑土区

该地区土壤颜色不同于其他地方，应是由密集的人类定居活动造成的，例如，瑞典的维京古城比尔卡。

槲寄生

槲寄生是一种寄生在森林树梢上的植物，是德鲁伊仪式上特有的元素，德鲁伊认为，槲寄生具有神奇的治愈能力。

华纳神族

在北欧神话中，掌管健康、生育和享乐的神明是海神尼奥尔德（Niord）和他的儿子弗雷、女儿芙蕾雅。

吉桑多公牛石像

凯尔特伊比利亚文明的雕塑群，得名于发现石像的小山。这些类似于公牛或猪的四足动物石像完全由花岗岩雕成。据传，雕像是由前2世纪一个畜牧业发达的部落雕刻的，以此献祭神灵，祈求保护牛群及牧场。

加鲁达野兽

一种大爪动物，该动物的形象多次出现在奥塞贝格派和博勒派两种维京风格的艺术装饰中。

金属镜子

妇女使用的梳妆镜，这在大多数古代文明中都很常见。一般由铜、银或青铜制成，形状为圆形或椭圆形。

巨人族弗莫尔

凯尔特神话中有一群生活在爱尔兰周围岛屿上的巨人，他们总想入侵爱尔兰，代表着原野和黑暗力量。

卡斯特罗堡

构成凯尔特人基本社会和经济单位的房屋聚集群。卡斯特罗堡缺乏城市规划，房屋建筑主要呈圆柱形。除了住房，卡斯特罗堡里还设有其他重要建筑，例如，筒仓和库房，用于存放多余的粮食。

凯尔特人

是指一群定居在西北欧的印欧民族的专有名词。

凯尔托伊

希罗多德指出，凯尔特人生活在由他命名的，被称为"凯尔托伊"的地方，也就是"海格力斯之柱"所在地，即古时的直布罗陀海峡。

颗粒装饰

金银首饰工艺使用的装饰技术，将小圆球（颗粒）焊接到物体表面，经常与花丝工艺相结合。

龙头船

维京战舰，其历史可追溯至900年左右。它有16对船桨，并且可以扬帆远航。

卢恩文字

卢恩文字是斯堪的纳维亚民族使用的书写系统，起始年代远早于维京人入侵时期，并一直持续到近代早期。卢恩文字镌刻在石头和原木上，以简单的标记符号系统为基础，还有丧葬礼仪和法律文书的功用。正因为有了卢恩文字，后人才可以借助其复原维京历史事件，例如，王位的传承。卢恩文字之后还被赋予了魔法、宗教仪式，甚至加密消息等功能，但从历史的角度来看，这一说法都没有任何实证。除了卢恩文字，冰岛人的萨迦故事更是传承历史和传奇的最重要方式。

卢恩文字石碑

刻有卢恩文字铭文的石碑。

罗马化

这一过程意味着罗马对高卢部落影响力的扩大，罗马文化逐步被高卢部落所接受，从而极大地破坏了高卢人独立和

抵抗帝国的基础。罗马化进程被公认为削弱凯尔特人抵抗力的关键因素，也是罗马帝国霸权最具体的表现之一。

罗斯人

是指一支向东迁徙并定居的斯堪的纳维亚人，后以此命名俄罗斯（意为罗斯人的土地）。

洛克石碑

位于瑞典东约特兰省，是维京人最古老的卢恩文字石碑之一。石碑上的符文是所有已知文献中最长的铭文，以至于整块石碑上几乎没有空白之处。雕刻的卢恩文字正是所谓的"短枝"卢恩文（瑞典－挪威卢恩文），由国王瓦恩撰写，以纪念他死去的儿子瓦蒙德。

梅林

在亚瑟王传奇中无出其右，被认为是6世纪后期的威尔士巫师。他是巫师、吟游诗人、医生、部落首领和先知，以其神话般的存在贯穿整部传奇。在亚瑟王传奇中，正是他引导亚瑟走上追求智慧和公平的道路。

民族大迁徙时期

指5世纪到6世纪欧洲大陆大规模、多民族的迁徙时期（其中也包括英国的盎格鲁－撒克逊人）。一般认为，大迁徙与罗马帝国的瓦解有关，尽管日耳曼人的迁徙在此之前就已经开始了。

模具焊接法

维京人中的铁匠用来铸剑的技术。它将稍有不同的长铁条焊接起来，组成一个内芯，然后将硬钢制成的剑刃焊接到内芯两侧。法兰克铁匠铸造的剑在此类型中出类拔萃。

南部诸岛

古北欧语，意为南部诸岛，即赫布里底群岛。

诺尔船

维京用于贸易的货船。

欧甘语

爱尔兰人在4世纪左右发明的一种书写系统，皮克特人也使用该书写系统。

皮克特人

苏格兰的古代居民，定居于福斯河和克莱德河之间以北地区，在3世纪的罗马文献中被称为"picti"。不过，皮克特人要远早于此到达苏格兰。9世纪中叶，他们被来自爱尔兰的苏格兰人吸纳、融合，后者在5世纪到达苏格兰西部。

青铜时代

大量使用青铜制造各种日常用品以及进攻和防护武器的历史时期。青铜是铜和锡的合金，再由金匠和铁匠进行精加工。一般来说，欧洲的青铜时代是在前2000年至前700年，尽管按区域划分，时间上会有不同。

萨迦故事

是指在冰岛和斯堪的纳维亚口口相传的故事。之后，这些故事被记录在大量富有神话色彩的书籍中。

塞那阿巴斯巨人像

位于英格兰多塞特郡，是一个手持大棍的巨人雕像。伸出的左手暗示他正紧握着某物，实际上，有些说法认为，他手里拿着的是狮子皮，像大力神海克力士披着的狮子皮。这种推测是基于诺福克发现的一个类似的陶瓷雕像，罗马皇帝康茂德（177年至192年在位）在其统治时期极力推崇大力神并传到英国。因此，巨人像无非就是这位希腊罗马英雄海克力士在那里的"翻版"。这尊巨人像代表生殖能力，与爱尔兰的主神达格达有关。

圣剑

亚瑟王之剑，此剑拥有特殊的力量和魔力，几乎可以使主人战无不胜。有传说认为，它是由巫师梅林锻造的。在流传最广的版本中，亚瑟从一块大理石中拔出了圣剑。另一些版本则将其与湖之仙女联系在一起。

圣物盒

用来存放圣人遗物的非常小的容器或盒子。

狩猎场

位于格陵兰岛上西部殖民地以北。人们在那里猎杀驼鹿、驯鹿、北极熊，还捕杀海象和独角鲸，以谋取象牙和鲸牙。

竖石纪念碑

凯尔特人将花岗岩巨石阵作为崇拜的对象，因为他们推断，应该只有能力出众、身强体壮又聪明的人才能搬运如此巨大的花岗石。他们甚至将其中一些巨石当做神灵的安息之所。

斯韦阿人

居住在瑞典中部的民族，并以此命名了瑞典。

苏格兰人

来自爱尔兰东北部的一个民族，5世纪定居在苏格兰。9世纪中叶，他们融合了皮克特人，之后用自己民族的名字命名了国家，即苏格兰。

铁器时代

用铁代替青铜作为制造日常物品和武器的主要原材料的历史时期。欧洲的铁器时代公认结束于罗马扩张时期。

通道式墓葬

最重要的巨石墓葬类型之一。这类墓葬在欧洲史前时期很常见，由一个长的走廊通往由石块搭建的墓室，墓室上方覆盖着土丘。

图罗巨石

位于爱尔兰的高威郡，石头上部雕有许多代表人、植物和动物的复杂抽象图案。在凯尔特人看来，这些巨石拥有神奇的力量，因此他们在那里举行仪式和集会。

瓦尔哈拉（英灵殿）

奥丁在神域阿斯加德的宫殿。这所宫殿里还居住着在战斗中阵亡的勇士，他们被诸神征召，守卫神灵。

瓦尔基里（女武神）

北欧神话里的女武神，专门

收集在战斗中阵亡的英灵，并将他们带到奥丁身边。

瓦兰吉卫队（北欧卫队）

拜占庭帝国晚期的皇家近卫军，由来自斯堪的纳维亚半岛的战士组成。

维京板棋

在古北欧语中，是指维京时代在斯堪的纳维亚半岛广泛流行的一种棋盘游戏。这是一场两军交战的军事和战略游戏。

维京人

古北欧语中，该术语用于指代维京时代斯堪的纳维亚民族或具有斯堪的纳维亚血统的人。严格来说，"víkingr"是指强盗或海盗。

维京时代

斯堪的纳维亚地区9世纪至11世纪的历史时期，始于8世纪末维京人第一次入侵西欧。

文兰

古北欧语，意为"葡萄之乡"，是斯堪的纳维亚人对北美地区的命名。

瓮棺文化

专指有火化死者并将其骨灰盛入陶瓮埋葬习俗的某些中欧部落文化。

希特斯银币

在7世纪末和整个8世纪，英格兰和弗里斯兰铸造的小型银币。

峡湾

挪威西部海岸的独特地貌。

峡湾是海水侵蚀后被淹没的冰川槽谷，两侧岸壁陡峭，向内陆延伸数千米。得益于海洋、河流、湖泊和森林丰盛的食物资源，第一批居民定居于此。后来，峡湾为农业发展孕育了理想的环境，提供了很多山川环护的土地资源。

项链

凯尔特部落独有的昂贵珠宝之一。一般由青铜、银或金制成，并赋予佩戴者某种魔力。

橡树

凯尔特人信仰中最重要的树木。实际上，有些观点认为，"德鲁伊"是从凯尔特语"drus"（指橡树）一词衍生出来的。橡树是森林的主宰，也是凯尔特神话中众多神灵的栖息地。

新石器时代

专指中石器时代以后历史时期的术语，农业的出现、石器和陶瓷的改良等是新石器时代的典型特征。在斯堪的纳维亚半岛南部，新石器时代始于前4世纪。

新石器时代古迹

大型石头建筑，新石器时代的斯堪的纳维亚半岛居民赋予其神奇的属性和含义。其中，巨石墓葬尤为突出，人们在巨石竖直建造的庞大墓室中竖直安葬尸体，然后再在墓室上方覆盖土堆，周围环绕摆放一圈较小的直立石块。

《亚瑟王传奇》

凯尔特文化最重要的珍宝

《亚瑟王传奇》的核心内容。它以一个年轻人的故事为核心，这个年轻人就如预言所说，在拔出埋在岩石中的剑之后，成了英格兰国王。亚瑟王在政治、军事上最终统一了大不列颠岛所有王国。亚瑟的萨迦故事中有众多传奇人物，如巫师梅林和湖之仙女，还有很多神奇的物品，例如，亚瑟王的圣剑。另外，值得一提的还有圆桌骑士团，这是由勇敢的亚瑟王为了实现公平正义、英雄主义和热情的理想而创建的骑士组织。

盐谷勇士

哈尔施塔特文化盐矿中心地区的名字。

耶林风格

维京人作品中最常见的艺术风格之一。其特征是以"S"形复制纹样，在"乌尔内斯风格"中，一般也会有纵横交错的蜿蜒曲线。通常来说，一种风格不会完全取代另一种风格，因此，几种风格的重叠十分常见。

吟唱诗人

这个词来自古北欧语"skald"，意为"诗人"。吟唱诗人是职业的宫廷诗人，他们创作和吟诵诗歌、萨迦故事。

优芬顿白马

凿刻在地面上的巨幅白马画，位于优芬顿（英国牛津郡）附近，已有至少3 000年的历史。马是凯尔特人推崇的动物，他们认为马除了性欲旺盛，还有美丽、迅速和勇敢的优点。

它还代表了女神埃波娜，因此与生育、健康和死亡相关。

圆桌骑士

亚瑟王的宫廷骑士团，骑士们会在卡米洛特王宫的圆桌聚会议事。圆桌是亚瑟王和他的妻子桂妮维亚的结婚礼物。圆桌可容纳150个座位，只有最勇敢的骑士才可以在此就座。

长港

9世纪维京人建立的早期冬季临时营地，一般位于河边，方便保护船只。

"长枝"卢恩字母

维京时代在斯堪的纳维亚半岛使用的卢恩字母两种体系之一，又称为丹麦卢恩文。

沼泽祭品

意为特意扔进水泽里的物品，特别是在丹麦，不过，在欧洲西北部也很常见。祭品的种类非常丰富，从人牲和动物到剑和盾等物品，五花八门。

支石墓

最具凯尔特文化特色的纪念碑。其最初的意思是"石桌"，由两块或者多块竖石承托一条横石构成。这些支石墓并非凯尔特人建造，然而，凯尔特人却非常崇拜、信仰它们，并在那里举行宗教仪式。

诸神的黄昏

北欧神话中的世界末日，诸神被怪物和巨人打败，世界将燃烧殆尽。